Rita Menge

Cool Japan Uncool

Warum wir Japan lieben oder hassen

Königshausen & Neumann

Angabe zum Titelbild
Das kawaii (goldige) Äffchen auf der Titelseite ist ein Rotgesichtsmakake.
Da die Winter in Japan empfindlich kalt sind, haben sie sich von den Menschen
abgeschaut, sich in den heißen Quellen ein bisschen Wellness zu gönnen.
Fotolia©eyetronic

Die nicht gekennzeichneten Fotos sind Eigentum der Autorin.

Bibliografische Information der Deutschen Nationalbibliothek

Die Deutsche Nationalbibliothek verzeichnet diese Publikation
in der Deutschen Nationalbibliografie; detaillierte bibliografische Daten sind im
Internet
über http://dnb.d-nb.de abrufbar.

© Verlag Königshausen & Neumann GmbH, Würzburg 2016
Gedruckt auf säurefreiem, alterungsbeständigem Papier
Umschlag: skh-softics / coverart
Alle Rechte vorbehalten
Dieses Werk, einschließlich aller seiner Teile, ist urheberrechtlich geschützt.
Jede Verwertung außerhalb der engen Grenzen des Urheberrechtsgesetzes ist
ohne Zustimmung des Verlages unzulässig und strafbar. Das gilt insbesondere
für Vervielfältigungen, Übersetzungen, Mikroverfilmungen und die Einspeicherung
und Verarbeitung in elektronischen Systemen.
Printed in Germany
ISBN 978-3-8260-5817-2
www.koenigshausen-neumann.de
www.libri.de
www.buchhandel.de

www.buchkatalog.de

Rita Menge – **Cool** Japan **Uncool**

Inhalt

„Ungesäte Saat geht nicht auf."
Japanisches Sprichwort
Und es gibt sie doch: Freizeit

Kirschblütenfest 9
Alkohol 11
Hotels 13
Nachtleben 17
Feste 19
Freizeitvergnügen 21
Karaoke 25
Schlange stehen 27
Populärkultur 29
Wetten 32
Partys 35

„Ein heißes Bad erfrischt den Körper,
ein heißer Tee den Geist."
Japanisches Sprichwort
Körper und Seele wollen zusammengehalten sein.

Restaurants 38
Essen 42
Schlafen 45
Mundschutzmasken 47
Toiletten 49
Baden 52
Onsen 54
Religion 56

„Auch ein Affe fällt mal vom Baum."
Japanisches Sprichwort
Es geht auch mal etwas daneben.

Taxi fahren 59
Eine Adresse suchen 62
Ein bisschen Technik 64
Straßenverkehr 68
Lärm 72
Das Beste der Welt 75
Ausländer 78
Salaryman 81
Schwere Jungs 84

„Wer Großes will muss zuerst das Kleine tun."
Japanisches Sprichwort
Ohne Gemeinschaft geht nichts.

Wetter 87
Automaten 90
Vermeidung von Unsicherheiten 93
Praktisches 96
Erfindungen 99
Japanisch 102
Englisch 105
Tiere 107
Sauberkeit 110
Service 113
Zug fahren 116
Kawaii 120
Lebenseinstellungen 122
Frauen 125
Regeln 128
Ästhetik 130
Glossar der japanischen Begriffe 133
Bereits bei K&N erschienen 137

Vorwort

Japan polarisiert, seine Besucher und die dort lebenden Ausländer lieben oder hassen es. Eine Grauzone gibt es meist nicht.

Mein Mann und ich haben fünf Jahre in Japan gelebt. Bevor wir uns dazu entschlossen, gab es sehr viele Diskussionen zwischen uns und ein Hin- und Hergerissensein, ob wir das Abenteuer wagen sollten oder nicht. Mein Mann wurde jedes Jahr im Personalgespräch gefragt, ob er bereit wäre, für die Firma ins Ausland zu gehen und seine Antwort war immer: „Ja, aber nicht nach Japan". Es erschien ihm einfach zu fremd, die Arbeitsweisen so unterschiedlich zu unseren und trotz zahlreicher Geschäftsreisen schien es wenig verlockend zu sein, dort zu leben. Auch die deutsche Presse zeichnete ein wenig freundliches Japanbild.

Ich selbst wusste sehr wenig über Japan und dieses Wenige war negativ: Japaner jagen Wale, essen kalten Fisch und ihre Kriegsvergangenheit ist ähnlich schlimm wie die deutsche. Wenn ich Freunden von den Überlegungen, vorübergehend in Japan zu leben erzählte, konnte es vorkommen, dass die Reaktion war: „Japan? Das ist doch irgendwo bei China."

Dies war alles vor der Informationsrevolution des Internets, aber ich bezweifle, dass sich der Durchschnittsbürger heute mehr dafür interessiert und mehr weiß. Selbst deutsche Mitarbeiter japanischer Firmen sitzen mitunter erschreckend ahnungslos in meinen Seminaren.

Daneben hatte ich Angst, nicht arbeiten zu dürfen und so zur Untätigkeit verdammt zu sein und dass ich vor lauter Langeweile bald Socken bügeln und das Besteck täglich sortieren würde.

Trotz all dieser eher negativen Punkte entschlossen wir uns nach reiflicher Überlegung, das Wagnis einzugehen. Die Fotos vor dem Abflug zeigen unsere sehr, sehr skeptischen Gesichter. In Tokio angekommen bezogen wir unser möbliertes Appartement, das Fluggepäck mit den wichtigsten Dingen für den Anfang war schon da und das Abenteuer begann. Wir gingen ab dem ersten Tag halbtags in die Sprachschule, die restliche Zeit mussten wir lernen. So hatten wir ganz schnell einen neuen Tagesablauf und stellten fest, dass Tokio zwar eine riesige Stadt, aber auch ein Dorf ist und dass es sich hier super leben lässt.

Wir erlebten in unserem Wohnort Kawagoe, unweit von Tokio fünf großartige Jahre. Viele Nachbarn und freundliche Menschen nahmen sich unser an und so hatten wir die Chance, unser Gastland sehr gut kennenzulernen. Wir fühlten uns wirklich willkommen, viele japanische Häuser und Herzen öffneten sich für uns. Man half uns beim Einkaufen, bei Arztbesuchen und beim Japanischlernen und so gut wie nie brach jemand in Gelächter aus bei unseren ungelenken Sprachversuchen. Entgegen meiner Befürchtungen fand ich auch eine interessante Beschäftigung und stellte fest, dass in anderen Teilen der Welt mein Germanistikstudium durchaus wertvoll ist.

Alle Beschreibungen dieses Buches sind äußerst subjektiv aus meinen eigenen Erfahrungen zusammengetragen. Ich hoffe sehr, dass mir niemand die Betrachtungen, die natürlich meinen deutschen Befindlichkeiten geschuldet sind, übel nimmt.

Hoffentlich ist es mir gelungen, meiner Zuneigung zu Japan und seinen Menschen Ausdruck zu geben, trotz aller Klischees und ein bisschen Spott und Spaß.

Japan mit seinen großartigen Menschen ist mir zur zweiten Heimat geworden und das japanische Sprichwort „Jeder nimmt die Farbe seiner Umwelt an." trifft auf jeden Fall zu und ich habe die Hoffnung, dass ich einige der vielen tollen Aspekte der japanischen Kultur übernommen habe.

Es gibt viele Gemeinsamkeiten zwischen Japanern und Deutschen. Eine davon ist, dass wir glauben, die eigenen Landsleute seien unfreundlich und ablehnend. Liebe Japaner, ich kann euch versichern, dass das nicht stimmt. Wenn man Hilfe braucht, bekommt man sie immer. Oft genügt es, ein leicht verzweifeltes Gesicht zu machen und schon hat man eine helfende Hand zur Seite.

„Ungesäte Saat geht nicht auf"
Japanisches Sprichwort
Und es gibt sie doch: Freizeit

Kirschblütenfest

Jeder, der ein winziges Maß an Interesse für Japan aufbringt, hat schon von den dort so verehrten Kirschblüten gehört. Wenn der kalte Nordwind im April allmählich dreht, hat die Nation nur noch ein Thema: Wo befindet sich momentan die *Sakura Zensen* (Kirschblütenfront) und wann trifft sie in meiner Stadt ein? Das *Hanami* (Blüten schauen) genannte Kirschblütenfest ist ein schöner Anlass für die Japaner, sich in der Natur zu treffen und gemeinsam zu trinken. Am Liebsten geht man mit seinen Kollegen in einen möglichst berühmten und deshalb total überlaufenen Park. Da die guten Plätze dort sehr rar sind, wird der jüngste Kollege der Abteilung schon am frühen Morgen mit einer großen blauen Plane losgeschickt. Die breitet er aus, zieht seine Schuhe aus, stellt diese ordentlich neben die Plane und wartet die nächsten Stunden auf seine am Abend nachkommenden Kollegen. Schlafen ist dabei meist das Mittel der Wahl, um die Zeit totzuschlagen. Alles ist prima organisiert: Der Lieferdienst bringt zur vereinbarten Zeit Essen und Bier, manchmal gibt es auch Musikanlagen zum *Karaoke* (leeres Orchester-mit Playback) singen. Nachdem alle die Schuhe ausgezogen und schön ordentlich neben der Plane platziert haben und jeder in Sokken seinen Platz gefunden hat, nimmt die Party ihren Lauf: Es wird gegessen, getrunken, gesungen und manchmal auch ein bisschen laut gegrölt. Da irgendwann gegen 24:00 Uhr die letzten Züge fahren, wird es nicht besonders spät.

Wer nun glaubt, dass es bei Millionen von Kirschbäumen in Japan sehr viel günstige Kirschmarmelade oder Kirschsaft geben müsste, hat sich gründlich geirrt. Die typisch japanische Kirsche ist eine Zierpflanze, die nur dazu dient, rund eine Woche schön auszusehen. Die Kirschblüte symbolisiert für die Japaner die Vergänglichkeit des Lebens. Sie ist nur wenige Stunden in voller Blüte wunderschön, um dann bald zu verblühen und vom Wind davongetragen zu werden. Schriftsteller, Künstler und auch das Volk beschäftigen sich jedes Jahr aufs Neue mit diesem Sinnbild.

Warum man in anderen Ländern diese Tradition noch nicht gewinnträchtig vermarktet, bleibt ein Rätsel. Auch wenn die Kirsch- oder

Apfelbäume in Europa später Früchte tragen, blühen sie doch trotzdem sehr schön und Anlässe zum geselligen Trinken kann es doch in den meisten Kulturen gar nicht genug geben.

Aber egal wie spät es wird und wie viel man getrunken hat: Es wird aufgeräumt und der Dreck nicht anderen überlassen. Der Müll wird ordentlich getrennt in die dafür bereitgestellten riesigen Tonnen verfrachtet oder sogar mit nach Hause genommen. Zu Vorfällen mit betrunkenen Randalierern, bei denen die Polizei eingreifen müsste, kommt es äußerst selten und wildes Urinieren gibt es auch nicht, da überall eine ordentliche Toilette zur Verfügung steht. (Siehe Kapitel „Toiletten")

Cool
- Ausgelassene, fröhliche Japaner, die plötzlich gar nicht mehr kontaktscheu sind.
- Alles wird sauber hinterlassen.
- Auch schwermütige Orte wie der Gedenkpark in Hiroshima werden plötzlich zu lebendigen Plätzen.

Uncool
- Von der Natur uns den Bäumen ist bei den Menschenmassen nicht mehr viel zu sehen.

Die Blüten vor lauter Menschen nicht sehen. Yoyogi Park in Tokio.

Alkohol

Japaner sind sehr regelbewusst, distanziert, beherrscht, still, höflich – bis sie anfangen zu trinken. Dann hält sie nichts mehr. Plötzlich werden aus den so unauffälligen Kollegen Partylöwen, denen nichts mehr peinlich ist. Da werden schon mal Krawatten um den Kopf gebunden oder es werden seltsame Gesellschaftsspiele angezettelt. Jemand verträgt keinen Alkohol, weil ihm wie manchen Japanern ein spezielles Enzym fehlt? Egal! Auch wenn das Gesicht feuerrot anläuft, es wird gebechert, als ob es kein Morgen gäbe. Das Genussmittel der Wahl ist meist Bier, aber auch japanischer *Sake* (Reiswein), von dem es unzählige Sorten in allen Preislagen gibt. Gerne getrunken werden auch *Shochu* (Branntwein aus Kartoffeln oder Getreide) und Whisky. Allerdings ist nach genau zwei Stunden Schluss mit lustig. Eben noch die Tassen hoch, im nächsten Moment steht man gemeinsam auf der Straße und zieht weiter zur nächsten Zwei-Stunden-Session. Der eine oder andere Kollege muss am Ende halb bewusstlos ins Taxi verfrachtet oder zum Zug gebracht werden. Das wird mit dem nötigen Ernst getan und niemand bleibt alleine zurück.

Ich saß im letzten Vorortzug, der am Abend Tokio auf dieser Strecke verließ. Der Zug stand noch für einige Minuten mit geöffneten Türen im Bahnhof. Neben mir zwei japanische Angestellte in Anzügen. Mein Nebensitzer kämpfte schwer mit aufkommender Übelkeit, was nicht zu übersehen und zu überhören war und sein Kollege fragte ihn besorgt, ob er aussteigen wolle. Ich rückte vorsorglich schon mal ein Stück ab. Er lehnte das Aussteigen ab und wollte unbedingt mit der letzten Transportmöglichkeit nach Hause fahren. Im allerletzten Moment, bevor die Türen schlossen, überlegte er es sich anders, stürzte aus dem Zug und natürlich sprang sein Kollege mit raus und blieb bei ihm. Der erste Morgenzug ging fünf bis sechs Stunden später.

Diese Trinkgelage geschehen in solch schöner Regelmäßigkeit, dass Japaner bei den jährlichen Reihenuntersuchungen ihrer Firmen auf den Fragebögen unter der Frage: „Wie oft trinken Sie Alkohol?" unumwunden ankreuzen: „Jeden Tag". Man steht dann in der Schlange vor dem Arztzimmer und zeigt sich belustigt seine ausgefüllten Fragebögen.

Das abendliche Trinken gehört in Japan zum Job, man bezeichnet dieses gemeinsame Ausgehen mit Kollegen manchmal auch als *Nightoffice* oder *Nomination* (eine japanisch englische Wortschöpfung: Trinken und Kommunizieren). Viele enge Regeln der beruflichen Etikette dürfen unter dem Deckmantel des Alkohols über Bord geworfen werden und ein ehrliches Wort wird hier weit weniger übel genommen als im Büro. Der Alkohol bildet also den Kitt, der vieles zusammenhält. Falls man von einem Japaner zum Trinken eingeladen wird, ist dies eine Chance, interessante Neuigkeiten zu erfahren oder einfach die Beziehung zu vertiefen.

In Japan steigt das Gesundheitsbewusstsein in Bezug auf Alkohol und vor allem Jüngere trinken nicht mehr so viel, allerdings auch, da heutzutage jeder Einzelne selbst zahlen muss, weil die *Nomination*-Budgets der Abteilungen reduziert wurden.

Selten sieht man in Kneipen in Europa Menschen, die beim gemeinsamen abendlichen Trinken so viel Spaß miteinander haben und sich dabei so wenig aggressiv verhalten. Außerdem würde man in japanischen Büros tagsüber und in den Pausen niemals zur Flasche greifen, z.B. das Glas Sekt bei Geburtstagen oder anderen Anlässen.

Cool
- Es ist einfach ein Riesenspaß, mit den vermeintlich so zugeknöpften Japanern einen feucht-fröhlichen Abend zu verbringen.
- Man darf auch mal etwas über die Stränge schlagen.
- Hilft oft dem Business.
- Man lernt sich besser kennen.

Uncool
- Man kann sich dem leichten Gruppendruck kaum entziehen.
- Das Nightoffice kann der Leber auf Dauer ganz schön zusetzen.

Ich kenne diese Herren nicht, aber sie haben mir freundlich ausgelassen zugeprostet.

Hotels

„Ab 250 Euro pro Nacht kann man sich halbwegs wohlfühlen" äußerte ein Ausländer in Tokio auf die Frage nach Übernachtungsmöglichkeiten. Na ja, kommt darauf an, was man sucht, denn die Auswahl ist enorm vielfältig und einzigartig.

Zunächst sind da die Kapsel-Hotels. Da in Tokio die Wege weit, die Taxis teuer und die letzten Züge am Abend irgendwann abgefahren sind, bleibt oft nur noch der Gang ins Kapsel-Hotel. Man checkt ein, zieht seine Schuhe aus und erhält ein Schließfach für seine Habseligkeiten. In diesem Schließfach findet sich ein *Yukata* (Baumwollbademantel), der als Schlafanzug die ganze Zeit getragen wird. Es gibt ein Gemeinschaftsbad und nach dem Bad kann man sich mit dem aus dem Automaten gezogenen Bier in seine kleine Kapsel zurückziehen. Diese ist mit allem Wichtigen ausgestattet: Fernseher, Wecker, Klimaanlage, WLAN. Geschlossen werden die kleinen Schlafkapseln mit einem Vorhang oder Rollo, für Geräuschempfindliche kann das schon mal zur Tortur werden, wenn der Nachbarschläfer nachts halbe Wälder absägt. Frauen haben es schwer, in einem Kapsel-Hotel zu übernachten, meist sind sie wegen der Enge und der nicht abschließbaren Kapseln Männern vorbehalten. Da die Idee so genial und günstig ist, gibt es sogar am Flughafen Narita in Tokio seit 2014 ein Kapsel Hotel mit dem Namen „9 hours".

Youtube: „These futuristic cells are actually an airport hotel in Tokyo" eingestellt von Viral Spell

Business Hotels sind eine weitere Alternative. Winzige Zimmer, in denen man den Koffer manchmal nicht komplett aufklappen kann, das Badezimmer aus einem Plastikteil gegossen, aber natürlich mit Badewanne. Manchmal ist dies eine Sitzwanne und der Gast muss ein bisschen beweglich sein und seine Beine schön falten können, um hineinzupassen. Dafür sind sie preiswert und verkehrsgünstig gelegen.

Klassische japanische Varianten gibt es natürlich auch. *Minshuku* (Volkshotel) ist die Variante für den experimentierfreudigen Touristen. Es ist tatsächlich sehr volksnah, mit Familienanschluss und für den einen oder anderen vielleicht ein bisschen zu viel.

Szene in einem bei ausländischen Touristen beliebten und sehr günstigen *Minshuku* in *Kyoto* bei unserem Aufenthalt: Die amerikanischen Touristinnen im Nebenzimmer waren gut zu hören: „Look the puppie, oh how sweet, what a nice dog. Oh no, what is he doing? Oh my god, he is peeing on the floor."

Japanische Unternehmen gehen gerne mit ihrer Belegschaft auf Betriebsausflüge mit Übernachtungen in *Minshuku* und japanische Hotels mit Partyräumen. Natürlich gibt es aber auch ganz ausgezeichnete Unterkünfte.

Auf Folgendes sollte sich der unwissende ausländische Mitarbeiter und Geschäftsreisende unbedingt einstellen: Gemeinsames Bad mit allen Kollegen, danach ein kleiner Ausflug im Hotel*yukata* (leichter Baumwollbademantel) und Hotelschlappen, gemeinsames Abendessen, meist auf der Erde sitzend, ebenfalls im *Yukata*, *Karaoke*singen im *Yukata* und dann ab ins Schlaflager mit vier bis acht Personen pro Zimmer auf dem traditionellen *Futon* (Matratze). Alle machen mit, egal welche Managementebene! Einen Fehler sollten Sie dabei auf keinen Fall machen: Die Unterwäsche unter dem *Yukata* vergessen. Selbst bei bester Schließung öffnet er sich eben doch und dann kommt die ganze Pracht zum Vorschein, sehr zur Erheiterung der japanischen Kollegen.

Die Königsklasse der japanischen Hotels sind die *Ryokan* (Reisegasthaus). Preislich gibt es hier nach oben keine Grenze, aber es wird auch wirklich etwas geboten fürs Geld. Wir durften eine Nacht in einem wunderschönen *Ryokan* genießen. Es gab einen künstlichen See mit einer Theaterbühne gegenüber der freistehenden Gästehäuser, Speisen von höchster Qualität, serviert in unserem eigenen Haus, von Personal im wertvollen *Kimono* (japanisches Kleid), ein wunderschönes *Onsen* (heiße Quelle) und zur Abreise gewärmte Schuhe. Wenigstens eine Übernachtung in einem exklusiven *Ryokan* sollte man sich leisten, wenn man in Japan ist.

Westliche Hotels in allen Sternenklassen gibt es natürlich ebenfalls überall und auch hier schaffen es die Japaner mal wieder, ein paar Besonderheiten zu bieten, von denen man nicht wusste, dass man sie gerne hätte: Sie kommen aus der Dusche, alles ist voller Wasserdampf, aber ein ordentlich großes beheiztes Rechteck im Spiegel ist nicht beschlagen, man kann sich prima im Spiegel sehen und muss nicht erst mühsam mit dem Fön ein Guckloch frei blasen. Über der Badewanne gibt es von Wand zu Wand eine herausziehbare Wäscheleine, die sagt: Wäsche waschen erwünscht und keineswegs peinlich. Eine Minibar gibt es natürlich auch, aber wenn man die zu teuer findet, findet man entweder direkt beim Hotel einen Minisupermarkt oder eine Ecke mit Automaten, die Snacks und Getränke zu den üblichen Preisen bereit halten.

Eine weitere Alternative zu teuren Hotels und manchmal der letzte Rettungsanker, wenn alles ausgebucht ist, sind japanische Lovehotels. Diese dienen jungen und älteren Liebespaaren dazu, den oft immer noch sehr engen Wohnungen, in denen die Papierwände Ohren haben, zu entfliehen. Japanern sind diese Hotels überhaupt nicht peinlich und so existieren sie in Tokio in vielen Stadtvierteln. Im bekannten und hippen Stadtviertel *Shibuya* finden sie sich neben kleinen Boutiquen,

Kinos und Kneipen und fast jeder Ausländer schlendert hier mindestens einmal peinlich berührt durch und schaut sich ganz genau die angeschlagenen Preise für „rest" oder „stay" an.

Mit deutschen Gästen unternahmen wir einen Ausflug in die Nähe von Kyoto und es waren absolut keine Hotelzimmer mehr zu bekommen, also stellten wir uns in die Autoschlange vor einem Love Hotel und warteten auf den Start der Übernachtungszeit. Da wir nur ein Auto hatten und die Zimmer über die Belegung der Garage blokkiert wurden, mussten wir uns ein kleines Wettrennen mit den anderen Wartenden liefern. Nachdem dies gelungen war, staunten wir sehr über die Ausstattung der Zimmer mit Riesenbadewanne und kleiner Golfübungsmatte. Bezahlt wurde vollautomatisch und total diskret, Personal war keines zu sehen.

Cool
- Übernachten in alten, ehrwürdigen Herbergen wie vor 300 Jahren, mit ausgesuchten Annehmlichkeiten und unvergesslichem Essen.
- Das tun, wovon viele sprechen: Im Kapsel-Hotel übernachten.
- Tolle Jugendherbergen als gute Alternative.
- Mal ein Lovehotel ausprobieren.

Uncool
- Oft keine beweglichen Fenster in Businesshotels, dies kann bei automatischer Temperaturregelung schon mal für hochsommerliches Schwitzen im Zimmer sorgen.
- Kapsel-Hotels sind meist nur für Männer zugänglich.

Lovehotels haben gerne exotische Namen.

Nachtleben

Tokio ist voller Hotspots für einen gelungenen Abend: Elegante Bars mit Blick auf die beeindruckende Skyline, Jazzclubs von internationaler Bekanntheit, aber auch Bierschwemmen für den schnelleren Durst und den kleineren Geldbeutel. Man hat in manchen Stadtvierteln das Gefühl, dass in jedem Gebäude mehrere Kneipen existieren. Allen voran natürlich die Stadtviertel *Shibuya*, *Roppongi* und *Shinjuku*.

Manchmal ist der Eintritt für deutsche Verhältnisse exorbitant hoch und manche Bars haben ihre ganz eigenen Gesetze: Im *Gaspanic*, einer Bar mit ehemals mehreren Lokalen in der Stadt, gilt bei freiem Eintritt, vermerkt auf vielen Schildern: „Everybody must be drinking to stay inside Gaspanic!". Das ist tatsächlich so gemeint. Die Kellner sind mit Taschenlampen ausgestattet und sie schrecken nicht davor zurück, dem Gast ins Glas zu leuchten und zu befinden: „Da ist nur noch Eis im Glas, du musst etwas bestellen!" Widerspruch zwecklos!

Natürlich dürfen auch Clubs nicht fehlen. Mit jeder Art von Musik, regelmäßig von internationalen Star-DJs besucht, wird hier bis in den Morgen getanzt. Leider ist dies illegal. In Japan benötigt man nach Mitternacht für Bars oder Kneipen, in denen getanzt wird seit 1948 eine Tanzerlaubnis. Entstanden ist dieses Gesetz, weil man der Meinung war, dass Tanzen und Prostitution irgendwie zusammengehören und man der Prostitution entgegensteuern wollte. Irgendwann wurde das Gesetz vergessen und es wurde, vor allem in Tokio, munter getanzt. Seltsame Gerüchte gab es zwar immer mal wieder, es wurde auch der eine oder andere Tanztempel geschlossen, aber dies verdrängten viele Clubbetreiber und sie hielten ihre Gäste nicht vom Zappeln ab. Aus unterschiedlichen Gründen hat sich die japanische Polizei wieder an dieses verstaubte Gesetz erinnert und plötzlich hart durchgegriffen. Das *Gaspanic* in *Roppongi* ist den Gerüchten zufolge dem neuen Durchgreifen der Behörden zum Opfer gefallen.

Da sich aber das heimische Partyvolk wie auch die zahlreichen Besucher darüber laut in den Medien beschwerten, hat das Kabinett 2014 eine Expertenkommission beauftragt, eine Lösung zu finden, ganz nach dem deutschen Motto „Wenn du nicht mehr weiter weißt, bilde einen Arbeitskreis". Die Experten haben nun ganze Arbeit geleistet: Ab 2016 soll keine Tanzerlaubnis mehr nötig sein, aber die Lichtstärke muss mindestens 10 Lux betragen, statt bisher 5 Lux. Man darf sich schon darauf freuen, wenn in Zukunft Polizisten mit tragbaren Lichtmessern darauf achten, dass keinesfalls im Dunkeln getanzt oder gar gemunkelt wird.

Cool
- Tokios Nachtleben ist grandios.
- In altmodischen Bars wird zu Hits getanzt und ausgelassen gefeiert.
- Für jeden Geschmack ist etwas dabei.

Uncool
- Wenn man von einem Kellner wenig freundlich aufgefordert wird, still zu stehen, wenn man ein bisschen mit den Beinen wackelt.

Tanzen trotz überlauter Popmusik nicht erwünscht.

Feste

Japaner sind sehr sicherheitsbewusst, alles wird abgesichert, versichert und mehrfach auf seine Sicherheit geprüft. Es gibt allerdings Ausnahmen, bei denen man sich wirklich fragt, was plötzlich in die Inselbewohner gefahren ist. Unglaublicherweise wird aus heiterem Himmel jegliches Sicherheitsbedürfnis über Bord geworfen und mit Hilfe von genügend Sake begeben sich die sonst so besonnenen und auf Sicherheit getrimmten Menschen in Gefahr für Leib und Leben: Japanische Tempelfeste stellen alles in den Schatten, was das feierwütige Partyvolk der Welt jemals erlebt hat. So kann man sich in der Stadt *Suwa* beim Fest *Onbashira* halbnackt auf großen Baumstämmen einen Hang hinunterstürzen. Mehr als eine Million Zuschauer wohnen dem halsbrecherischen Treiben bei, das mitunter schwerste Verletzungen der Teilnehmer zur Folge hat.

Bei einem weniger gefährlichen *Matsuri* (Fest) werden große, zentnerschwere Schreine von Männern im Lendenschurz auf deren Schultern durch meist völlig überfüllte Straßen getragen. Die Schreinträger haben oft schon ansehnliche Höcker auf den Schultern, die von häufigen Einsätzen als Träger zeugen. Hierbei wird getanzt, musiziert und getrunken, was das Zeug hält. Platzangst darf man allerdings auch als Zuschauer keine haben, sonst gerät man schnell in Panik. Es gibt tausende Tempelfeste im ganzen Land mit sehr unterschiedlichen Traditionen: Ein Fest in der Stadt *Kofu* , bei dem rund 130.000 Besucher das größte Historienschauspiel besuchen, das sogar im Guinnessbuch der Rekorde aufgenommen wurde. Ein Penis Festival in *Kawasaki*, bei dem einem riesigen rosa Penis gehuldigt wird. In *Okayama* bei der Kategorie der *Hadaka Matsuri* (Nacktfeste), die selbstredend vor allem im eisigen Winter stattfinden, kämpfen tausende fast nackte Männer im Dunkeln um hölzerne Glücksbringer. Nach den wilden Kämpfen sind meist Verletzte und manchmal sogar Todesopfer zu beklagen. Beim Fest *Nada no kenka* in *Himeji*, das ebenfalls 100.000 Besucher verzeichnet, lassen große Schreinträgergruppen unter martialischem Geschrei riesige Holzschreine aufeinander krachen, ebenfalls häufig mit Verletzten. Auch auf der Zuschauerseite nur für Hartgesottene und kampferprobte Feierwütige geeignet.

Selbst der deutschen Sensationspresse nicht verborgen blieb folgender Zwischenfall im Sommer 2015: In *Higashiomi* in Zentraljapan stürzte beim Drachenfest ein selbstgebauter Drachen in die Zuschauer, es gab leider Verletzte zu beklagen.

Die allermeisten *Matsuri* sind allerdings kleine, jahrmarktähnliche Veranstaltungen im Stadtviertel des feiernden Tempels oder Schreins.

Hier geht es meist sehr gemütlich zu, es gibt Gegrilltes zu essen, knallbunte Getränke werden in Plastiktüten feil geboten und die Kinder können kleine Fische angeln und *Manga*masken (Masken mit Comicfiguren) kaufen.

Cool
- Wer sich mal so richtig ohne das lästige Bedenkentragen amüsieren will, ist hier richtig.
- Es ist fröhliches und ausgelassenes Feiern.

Uncool
- Es ist wirklich gefährlich und unter keinen Umständen sollte man Kinder zu den überregional besuchten Veranstaltungen mitnehmen.
- „Frankfurter Würstchen" beim *Matsuri* sind nicht zu empfehlen, sie schmecken in etwa so, wie sie aussehen: Künstlich.

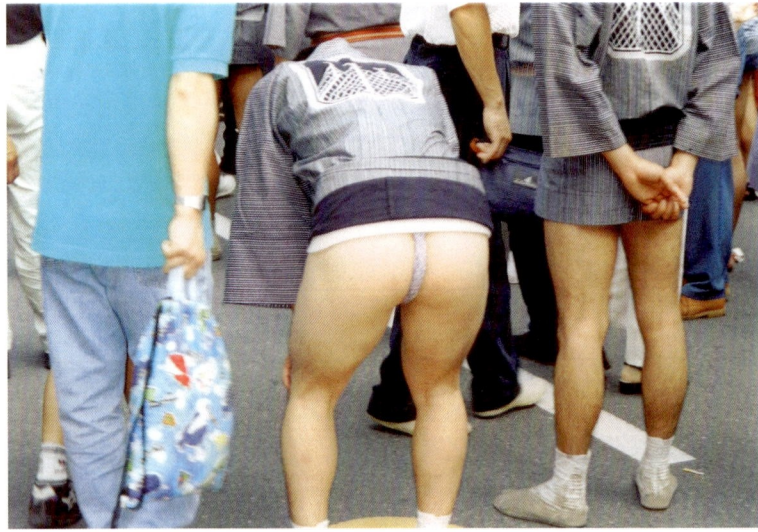

Bei den Festen gibt es oft ein wenig nackte Haut zu sehen. Schreinträger im traditionellen Gewand.

Freizeitvergnügen

In Japan gilt: Freizeitvergnügen sind für Kinder. Als ich einer japanischen Freundin begeistert von einer langen Nacht der Museen in einer deutschen Stadt berichtete, entstand als Reaktion darauf eine Pause, gefolgt von der Frage: Wozu ist das gut? Eine schlüssige Antwort hatte ich nicht parat.

In unserem japanischen Wohnort, immerhin mit 300.000 Einwohnern, gab es bis vor kurzem nicht einmal ein Kino. Die meisten Japaner antworten auf die Frage, was ihr Hobby ist: Während meiner Studienzeit war ich begeisterter Leichtathlet, Baseballspieler, Judoka etc. Im harten Arbeitsalltag bleibt hierfür meist absolut keine Zeit und die Gelegenheiten wären ohnehin sehr dünn gesät; als Hobby wird dann meist „Schlafen" genannt. Ende August, 35 °C im Schatten, eine Abkühlung täte jetzt ganz gut, aber leider sind alle öffentlichen Schwimmbäder geschlossen. Geöffnet sind sie nur vier Wochen lang während der Schulferien und dann sind sie so voll, wie man es von Fotos kennt: Man steht mit vielen hundert weiteren Besuchern im Wasser, Schwimmen ist meist nicht möglich.

Da Ausländer ja oft sehr hartnäckig und voller Aufbegehren sind, kamen wir auf die Idee, in die Berge nach *Nikko* zu fahren und dort im See zu baden. Sehr zum Entsetzen der Japaner, denn nach altem Volksglauben denkt man, dass in Seen böse Geister leben, die den Schwimmer in die Tiefe ziehen. Bleibt noch das Meer, aber auch hier finden sich unerwartete Überraschungen. Japaner sonnen sich ungern, helle Haut gilt meist als Schönheitsideal. Dies hat zur Folge, dass die meisten Strände eher wenig schön sind und die Japaner sich in großen Zelten einfinden, um hier Picknick zu machen. Falls es an touristisch genutzten Stränden tatsächlich Liegen und Schirme nach Ausländergeschmack zu mieten gibt, wird man trotzdem nicht viel Lust verspüren, den Tag hier zu verbringen. Alle paar Minuten muss man Lautsprecherdurchsagen über sich ergehen lassen: „Bitte cremen Sie sich ein, die Sonne ist stark. Das Meer könnte gefährlich sein. Achten Sie auf Ihre Kinder..."

Nun gut, denkt der frustrierte Ausländer, der die sehr warmen Sommerabende gerne im Freien genießen möchte, dann trinke ich eben wenigstens mein Bier draußen. Leider gibt es aber nur äußerst vereinzelt die Möglichkeit, in Restaurants in schöner Umgebung draußen zu sitzen und die manchmal vollmundig angekündigten Biergärten befinden sich gerne mal auf einem Kaufhausdach neben der Klimaanlage. Japaner haben es im Allgemeinen einfach lieber angenehm kühl im Sommer und sitzen dann gerne nach amerikanischem Vorbild im Untergeschoss der Gebäude. Eine Ausnahme stellen manche Veranstaltungen wie *Hanami* (Kirschblüten betrachten) oder *Hanabi* (Feuerwerk) dar, manchmal wird auch im Freien gegrillt.

Unser Haus hatten wir mit einer Terrasse ausgestattet, auf der wir manchmal auch frühstückten. Dieses Verhalten führte mehrmals zu Fast-Unfällen, weil vorbeifahrende Radler sich die Hälse nach uns verdrehten, manchmal mit dem total überraschten Ausruf *Gaijinrashii* (typisch Ausländer).

Japan ist einer der größten Musikmärkte der Welt. *J-Pop* (Japan-Pop) ist sehr populär, auch wenn sich dieser Erfolg dem an Musik interessierten Fremden in den allermeisten Fällen nicht erschließt. Da Japaner sehr treue Fans sind, kommen alle Pop- und Rockgrößen nach Tokio. Leider beginnen die Konzerte meist am Nachmittag, was Mick Jagger bei unserem Besuch im *Tokyo Dome* zur Bemerkung veranlasste, dass er um diese Zeit normalerweise noch im Bett liege. So sitzt man nachmittags um vier Uhr auf seinem Stuhl, schaut sich eine wilde Bühnenshow mit Tänzergruppen und Pyrotechnik an, ohne auch nur über dem Kopf in die Hände klatschen zu können, da dies andere Besucher stören würde. Plötzlich schien es Bewegung in der Szene zu geben: In Tokio war ein riesiges Open Air Konzert angekündigt, mit allem, was international in Rock und Pop erfolgreich war. Ein tolles Ereignis, bei dem auch wir in einem Tokioter Randgebiet direkt am Meer dabei sein durften, das aber nach diesem ersten Mal auch das letzte Mal blieb. Offensichtlich fanden die Verantwortlichen, dass dies zu viel Erwachsenenspaß sei und verfügten, dass dieses Konzert in Zukunft hunderte Kilometer von Tokio entfernt in den Bergen stattfinden musste. Prompt gab es einen Taifun beim ersten Konzert außerhalb, wobei viele Besucher auf dem Land strandeten.

Ein gerne ausgeübtes Freizeitvergnügen der Japaner ist: *Doraibu* (von „ to drive"). Bei dieser Disziplin fahren vor allem junge Leute ein bisschen mit dem Auto herum, um das weibliche Geschlecht mit ihrem Wagen zu beeindrucken oder vielleicht auch nur durch die Tatsache, dass man sich überhaupt ein Auto leisten kann. Man macht also eine Spitztour, vielleicht hat man auch ein Ziel. Am touristisch relevanten Ausflugsort angekommen, wandert man die 200 Meter vom Parkplatz zum Fotospot, der mit einem Ortsschild ausgestattet ist, macht ein Foto für Facebook und fährt zum Essen. Bei einer Umfrage nach den beliebtesten Freizeitaktivitäten stand *doraibu* auf Platz zwei. Auf Platz eins fand sich *Inlandstourismus* und auf Platz drei *Auswärtsessen* (Quelle: Japan productivity center Leisure Whitebook 2014).

Japanische Einkaufszentren sind außerordentlich gut durchdacht und bieten vor allem bei schlechtem Wetter eine tolle Freizeitmöglichkeit. Man kann dort shoppen, was die Kreditkarte hergibt, seine Einkäufe in einem der überall vorhandenen Schließfächer unterbringen, dann in einem der zahlreichen Restaurants lecker essen und sich anschließend noch einen Film anschauen. Natürlich sind die Anfangs- und Endzeiten der Vorstellungen angegeben, so dass man genau weiß, welche Zugverbindung man im Anschluss noch erreicht. Da die Vorführungen aller Filme aber am Wochenende bereits am Vormittag beginnen, muss man sich ohnehin nicht hetzen. Die ausländischen Filme werden im Original gezeigt, mit japanischen Untertiteln, was für uns Ausländer sehr praktisch ist. Japaner bleiben übrigens nach der Vorstellung bis zum allerletzten Bild des Abspanns sitzen, eine sehr schöne Angewohnheit, wie ich finde.

Die allerwichtigste Freizeitbeschäftigung der Japaner ist und bleibt aber das abendliche Trinken mit Kollegen, gerne gefolgt von *Karaoke* (Platz neun in oben erwähnter Umfrage). Diese Treffen dauern oft die ganze Nacht und sind von sehr viel Spaß, Lockerheit und Freundlichkeit geprägt.

Cool
- Trinken gehen, ohne sich Gedanken machen zu müssen, wie viel man trinkt.
- Beton als Liegefläche im öffentlichen Schwimmbad ist zwar gewöhnungsbedürftig, mir inzwischen aber lieber als Ungeziefer im Gras.
- Einkaufszentren sind gut durchdacht und machen wirklich Spaß.

Uncool
- Man kann das warme Wetter im Sommer draußen kaum so genießen, wie man es aus Deutschland kennt.
- Bei so viel Küste so wenig schöner Strand.
- Ungepflegte Strände.

Ocean Dome in Miyazaki. Das größte Indoorbad der Welt. Es wurde zwischenzeitlich leider einer neuen Nutzung zugeführt.

Karaoke

Ein Schreckgespenst geht um unter Ausländern, die Japan zum ersten Mal besuchen: *Karaoke*. Nein, ich werde niemals vor Fremden singen, nehmen sich viele vor. Jeder hat schon davon gehört, dass Japaner *Karaoke* lieben und dass dieser Kelch höchstwahrscheinlich nicht am Ausländer vorbeigeht. In fast allen anderen Ländern ist *Karaoke* eine hochnotpeinliche Veranstaltung, da man sich in einer Kneipe vor wildfremden Menschen blamiert. In Japan ist dies natürlich mal wieder ganz anders: man ist in einer Gruppe mit Freunden oder Kollegen unterwegs und es wurde im besten Fall bereits eine *Karaoke*box reserviert. Es gibt große Gebäude, die sich auf das Singen ohne Orchester spezialisiert haben und dort finden sich Räume in sehr unterschiedlichen Größen. Ab zwei Personen kann man einen Raum mieten und es gibt das Gerücht, dass diese Kleinstgruppen das Singen eher als Mittel zum „Sich etwas näher kommen" nutzen. Aber der aufgeschlossene Ausländer ist hier eher außen vor und bewegt sich in einer größeren Gruppe, die zum *Karaoke* strebt. Der Raum passt perfekt für die Gruppengröße und es wird meist ein Gesamtpaket für eine bestimmte Zeit gebucht, Getränke inklusive. Spätestens jetzt müssen Sie sich entscheiden: Lasse ich mich auf den Spaß ein oder ist meine Angst vor der Blamage zu groß? Den Kopf aus der Schlinge ziehen kann man immer mit einer aus heiterem Himmel auftretenden Krankheit wie schweres Bauch- oder Kopfweh. Das wäre aber wirklich schade und würde Sie um eine sehr lustige Erfahrung bringen.

Wenn Sie sich der Herausforderung allerdings stellen, dann gilt es, ein paar Regeln zu beachten.
Erstens: Sie müssen singen!
Zweitens: Frank Sinatras „My way" ist für den Chef reserviert!
Drittens: Sie müssen das Mikrofon auch wieder hergeben!

Hat man nämlich erst mal herausgefunden, wie viel Spaß es macht, auch wenn man äußerst untalentiert ist, möchte man gar nicht mehr aufhören. Also haben Sie Spaß und kommen Sie Ihren japanischen Partnern durch *Karaoke* singen ein bisschen näher, es arbeitet sich danach umso besser miteinander. Wenn Sie es in die erste Liga schaffen und eventuell ein japanisches Lied singen können, dann brechen alle Dämme und es können schon mal ein paar Tränchen fließen.

Und wer hat´s erfunden? Ein Japaner und ein Philippiner erfanden die erste *Karaoke*maschine in den siebziger Jahren. Das Geschäft ist heute äußerst lukrativ mit vier Milliarden Euro Umsatz in Japan.

Cool
- Die steifen Japaner und die seriösen Deutschen lassen endlich mal alle Bedenken los und haben Spaß.
- Japaner zeigen Emotionen.
- Es macht ungeahnten Spaß.

Uncool
- Die Spaßbremse sein und nicht singen wollen.
- Als Amateur Hard-Rock-Lieder singen oder kreischen.

Schlange stehen

Wenn man sich durch Tokio bewegt, tauchen sie immer wieder unvermittelt auf: Lange Menschenschlangen, die sich äußerst diszipliniert am Straßenrand aufstellen und mit großer Geduld warten. Je länger die Schlange, umso attraktiver ist sie. Die Schlangen sind so perfekt organisiert wie am Flughafen, die Wartenden stellen sich mitunter wie durch unsichtbare Bänder getrennt nebeneinander auf und es gibt manchmal Schilder, die anzeigen, wie lange man ab diesem Punkt noch warten muss. Das Geheimnis ist meist ein angesagtes Restaurant, Nudelshop, Sushibar oder auch als Geheimtipp gehandelte Donuts. Verantwortlich dafür sind oft Essshows, die im japanischen Fernsehen äußerst beliebt sind und die Reporter suchen immer nach einer neuen Entdeckung. Man sieht hier in erster Linie Moderator/innen, die Essen probieren, genüsslich das Gesicht verziehen und in Verzückung ausbrechen, die sich durch die vollen Munder mit den in die Länge gezogenen Worten *umaaaaai (umai)* oder *oishiii (oishii)*, beides bedeutet „köstlich", Bahn bricht. Dann werden die Köche, die Zutaten und das Lokal vorgestellt und schon gibt es wieder eine mehrere hundert Meter lange Schlange mitten in Tokyo.

Auch für ein neues Geschäft, ein neues Café, Sonderverkäufe wie *Fukubukuro* (Glücksbeutel) zum Jahreswechsel, bei denen man für einen festgelegten Preis sprichwörtlich die Katze im Sack kauft oder sonstige Werbeaktionen lassen die Japaner in Scharen Schlange stehen.

Schlangestehen gehört für die Japaner zum Leben wie die Ungeduld hierbei zu den Deutschen. Beim Warten auf dem Bahnsteig stellt man sich natürlich in Schlangen an. Und wenn der Zug sehr voll ist, lässt man die an der Tür des Zuges den Aussteigenden im Wege stehenden Passagiere aussteigen, vor der bereits wartenden Schlange Aufstellung nehmen, als erste wieder einsteigen und dann steigt die Bahnsteigschlange ein. Alles ohne ein Wort zu wechseln, in höchster Geschwindigkeit und ohne, dass auch nur ein Passagier aus der Reihe tanzt. Damit dies alles so reibungslos klappt, wird das perfekte Schlange stehen übrigens schon im Kindergarten geübt.

In stark frequentierten Gebäuden, wo man einen Aufzug benutzen muss, steigt in Japan immer die erlaubte Personenzahl ein und nicht wie in manch anderen Ländern zur Vermeidung des Körperkontaktes einfach nur halb so viele wie erlaubt.

Selbst mitten im Wald können sich Warteschlangen bilden. Bei unserem Besuch am Ausflugsziel *Kamikochi* in den japanischen Alpen stand gegen 17:00 Uhr zur Rückkehr zu den Parkplätzen eine Schlange von mehreren hundert Metern durch ein dicht bewachsenes

Baumstück, um auf den Bus zu warten, der die Besucher zurückbringen sollte. Der freundliche Aufpasser der Schlange erklärte uns völlig konsternierten und von Ungeduld geplagten Ausländern, dass am vergangenen Wochenende die letzten Gäste nachts um halb zwei im Bus Platz nahmen. Für uns Deutsche definitiv zu spät, diese Geduld konnten wir nicht aufbringen und zogen eine Wanderung vor.

Cool
- Buddhistische Gelassenheit beim Warten.
- Große Disziplin beim Aufstellen der Schlangen.
- Passanten wird nicht der Weg versperrt.
- Menschenmassen lassen sich durch geordnetes Schlangestehen sehr effizient bewältigen.

Uncool
- Dort essen, wo alle essen, egal wie lange man in der Schlange stehen muss.

Warteschlange im Tempel.

Populärkultur

Wenn sich der wissbegierige Ausländer tatsächlich über den Grundkurs im Japanischen hinausarbeitet, kommt irgendwann der Tag, an dem seine Lehrerin der Meinung ist, es sei an der Zeit, einen Exkurs ins wahre Leben zu unternehmen und schon macht man Bekanntschaft mit den berühmten japanischen *Manga* (entstanden aus Karikaturen, heute der Begriff für japanische Comics). Natürlich werden uns nur pädagogisch wertvolle Bildserien angedient, wie z.b. *Sazaesan*. Dieser *Manga* erschien erstmals 1946 und beschreibt in kleinen Bilderfolgen alltägliche Geschichten, die oft über ein kleines Missgeschick der Titelheldin oder ihrer Familie erzählen.

Natürlich findet der eigensinnige ausländische Schüler diese *Manga* schnell etwas langweilig und er schaut einfach mal nach Alternativen. Wir sind auf die Mangareihe „*Crayon Shin chan*" gestoßen. Die Hauptfigur ist ein Funfjahriger, der alle Erwachsenen an den Rand des Nervenzusammenbruchs bringt und sehr gerne gehörig in Verlegenheit stürzt, z.b. in dem er regelmäßig seine Hose herunterlässt und allen jungen Frauen peinliche Fragen stellt. Unsere Lehrerin fand diese Art *Manga* absolut nicht das Richtige für uns, was uns nur noch mehr anstachelte. In unserem Besitz befinden sich deshalb auch viele *Shin chan* Ausgaben, gespickt mit vielen Notizen, um die nicht so höfliche Umgangssprache besser zu verstehen.

Auf den Geschmack gekommen, fragt man sich nun, womit sich die *Manga* beschäftigen, die den Umfang von Kaufhauskatalogen haben und sehr gerne in der Bahn gelesen werden. Mitunter gelingt es, einen Blick beim Nebensitzer zu erhaschen und mit einer Mischung aus Überraschung und Entsetzen stellt man manchmal fest, dass es sich hierbei um erotisches Bildmaterial handelt. Eine deutsche Kollegin war so erzürnt, dass sie sogar mal einen Fremden in der Bahn ansprach und ihn fragte, ob ihm der *Manga* Spaß mache. Was auf totales Unverständnis und fragende Blicke des Japaners stieß.

Es gibt *Manga* für jeden, von Kleinkindern bis Senioren. Jeglichen Inhalts, von traditioneller japanischer Kultur wie Religion, Teezeremonie bis zu japanischer Geschichte und eben auch ganz unterschiedlichen erotischen Ausrichtungen.

Diejenigen, die ihren *Manga*helden ganz besonders nah sein möchten, beschäftigen sich mit dem Hobby *Cosplay* (eine Wortkreation aus costume und play) Es geht darum, eine Figur aus einem *Manga, Anime* (vom englischen Wort animation, bezeichnet in Japan hergestellte Zeichentrickfilme) oder Computerspiel möglichst originalgetreu darzustellen. Hierzu werden, oft in mühsamer Handarbeit, äußerst aufwendige Kostüme genäht. Jedes Detail muss stimmen, um bei Wettbewerben glänzen zu können. Viele Jahre pilgerten die Ausländer Tokios ins Stadtviertel *Harajuku*, um dort die *Cosplayer* zu sehen und zu fotografieren, in ihren Augen die wahren Außenseiter, heute hat sich die Szene eher in das Elektronikviertel *Akihabara* verlagert. Wer es nicht beim Fotografieren belassen möchte, besucht ein *Maidcafé*, in denen junge Frauen in Dienstmädchen- und Krankenschwesternkostümen oder in Schulmädchenuniformen ein Rollenspiel zum besten geben und ihre meist männlichen Gäste wie ihnen bekannte Ranghöhere behandeln, ihnen den Kaffee umrühren und nette Komplimente machen.

Im Gegenzug dazu können sich Frauen für viel Geld im *Host Club* verbal verwöhnen lassen. Youtube „Das Leben als Edelnutterich/ Schulz in the box" von „Schulz in the box".

Die dort angestellten jungen Männer sind zwar nicht im üblichen Sinne verkleidet, aber sie sind zum attraktiven Charmeur herausgeputzt und ihre Rolle ist es, den Frauen das Gefühl zu geben, begehrenswert und hübsch zu sein. Ihre Hauptaufgabe ist allerdings, höflich mit den Frauen umzugehen und ihnen bei deren Alltagsproblemen zuzuhören, was der japanische Ehemann wohl alles nicht so gerne tut. Zur Zeit erleben die *Host Clubs* einen Boom in Japan.

Cool
- *Manga* und *Anime* sind ein wichtiger Teil der japanischen Kultur.
- Auch im Ausland erfreuen sich *Manga*, *Anime* und *Cosplay* großer Beliebtheit.
- Die Buchmesse Leipzig ist beispielsweise ein bekannter Treffpunkt für hunderte *Cosplayer*.

Uncool
- Die Host Clubs und Maidcafés sind schon etwas befremdlich. Vielleicht ein Zeichen zunehmender Vereinsamung der Menschen in den Großstädten.

Masken der Mangahelden.

Wetten

Sehr viele Japaner lieben es, zu zocken. Da ist zunächst einmal das Glücksspiel *Pachinko* (wörtlich Schleuder, benutzt wird der Begriff für spezielle Spielhallen). *Pachinko*hallen gibt es in allen größeren Stadtvierteln in den belebten Geschäftsbereichen, rund 15.000 im ganzen Land. Alle Ausländer sind sehr neugierig, was hier wohl passiert. In den meisten Fällen ist der interessierte Betrachter jedoch so schnell wieder draußen, wie er hineingegangen ist, da hier ein solch ohrenbetäubender Lärm herrscht, dass man beim Verlassen den Wunsch hat, sich ein neues Trommelfell zu besorgen und vom Zigarettenqualm die Luft zum Schneiden dick ist. In *Pachinko*hallen hängen oft hunderte flipperartige Spielautomaten, die unter großem Getöse kleine Silberkugeln, die man hineingibt, herumschleudern. Man sitzt davor, kann kleine Räder bewegen und hofft, dadurch möglichst viele neue Kugeln zu erbeuten. Der Automat spuckt die zusätzlich gewonnenen Kugeln aus und professionelle Spieler haben zahlreiche Plastikwannen voller Metallkugeln neben ihrem Sitz gestapelt. Da Glücksspiel in Japan verboten ist, werden die Kugeln in der *Pachinko*halle in Sachpreise getauscht. Diese werden anschließend in einem speziellen Geschäft in der Nähe in Bargeld weitergetauscht. Manchmal sind Regeln einfach dazu da, sie elegant zu umgehen.

Sehr beliebt sind auch Wetten bei *Keiba* (Pferderennen), Bootsrennen und *Keirin* (Bahnradrennen). Ich bin selbst Reiterin und auch in Japan habe ich mein Hobby ausgeübt. Bald nach meiner Ankunft wurde ich gefragt, ob ich nicht auf einer Rennbahn als Startbegleitung reiten möchte. Hierzu saß ich in voller Dressurreitermontur auf einem von mir schön herausgeputzten Schimmel, stand am Führring, begleitete das Starterfeld zur Startmaschine, ritt zurück und wartete auf das nächste Rennen. Ein eher unspektakulärer Job, aber ich war mittendrin im Renngeschehen und konnte meine Betrachtungen anstellen. Während auf den Rennbahnen in Deutschland nur an wenigen Tagen im Jahr Rennen stattfinden, sind auf größeren Rennbahnen wie in der Stadt *Nagoya* an mindestens zehn Tagen im Monat Rennen. Auch die Randbedingungen sind anders: Auf meiner recht kleinen Provinzrennbahn, auf der jeden Monat eine Rennwoche stattfand, gab es viel Publikum, das scheinbar seiner Wettsucht nachging. Keine Spur von Glamour oder Spaß, schöner Kleidung, schicken Hüten bei den Damen und Champagner, nur die Hoffnung auf einen schnellen Gewinn lag in der Luft. Auch wenn Japan eine sehr reiche Industrienation ist, sah ich hier viele Verlierer und Zocker, die durch erfolgreiche Wetten auf eine bessere Zukunft hofften.

Sehr viel Geld umgesetzt mit dem Traum auf einen großen Gewinn wird ebenfalls auf den fünfzig Radrennbahnen mit 4000 professionellen Fahrern und fünfzehn Milliarden Euro Umsatz im Jahr. Dazu kommen noch die Motorbootrennen auf vierundzwanzig Strecken im Land. Die Sportler müssen in allen Fällen eine ein- bis dreijährige Ausbildung mit militärischem Drill absolvieren und erst nach einer bestandenen Prüfung dürfen sie ordentliche Gehälter und Siegprämien einstreichen.

Die japanische Regierung möchte Casinos und Glücksspiel legalisieren und schaut deshalb mit großem Interesse nach Singapur und Macao, wo Casinos viele Touristen anziehen und für eine ordentliche Steuereinnahme sorgen. Um dem Widerstand einiger japanischer Kreise zu begegnen, möchte man nach dem Vorbild Singapurs einen hohen Eintrittspreis von einheimischen Besuchern verlangen. Bleibt abzuwarten, ob dies den Spieldrang der Japaner tatsächlich in Schach halten kann.

Cool
- Ein Besuch auf einer Rennbahn lohnt, um mal eine ganz andere Seite der Japaner kennenzulernen.
- Wie mit der absurden Situation des eigentlich verbotenen und doch öffentlich stattfindenden Glücksspiels umgegangen wird.

Uncool
- Spielsucht ist immer uncool, in jedem Land der Welt.

Auf der Rennbahn in Omiya.

Partys

Falls Sie in Japan zu einer Party eingeladen sind, vergessen Sie die Geldbörse nicht.

Nach rund acht Wochen erhielten wir die erste Einladung. Der Offenbachclub in der Stadt *Kawagoe* hatte in einen Nebenraum eines Restaurants eingeladen. Es war ein bisschen wie in Deutschland: Man stand etwas unentschlossen in kleinen Gruppen herum, machte Smalltalk, aß und trank. Nach zwei Stunden löste sich die Gesellschaft auf, nachdem es eine Ansage gab, dass pro Person rund 35,- € zu zahlen seien. Nun wussten wir, dass Einladungen in Japan doch etwas anders zu verstehen sind als in Deutschland.

Eigentlich zahlt man immer: Bei Beerdigungen sind 10.000 Yen (rund 70,- €) üblich. Bei Hochzeiten darf es gerne etwas mehr sein. Man überreicht das Geld in einem Umschlag und es sollten sich neue 10.000 Yen Scheine darin befinden. Da die Zahl vier Unglück bringt und ungerade Zahlen ohnehin mehr Glück verheißen, sollten es 30.000 Yen oder 50.000 Yen und mehr sein, insbesondere, wenn Sie Vorgesetzte/r des Bräutigams oder der Braut sind. Als Gegenleistung findet sich die Hochzeitsgesellschaft in einem Hotel ein und wird an großen runden Tischen platziert. Nun folgen zwei Stunden Essen, unterbrochen von langatmigen Reden, dann ist die offizielle Feier für Kollegen, Vorgesetzte und weiter entfernte Verwandte auch schon vorbei. Beim Gehen erhält jeder Gast ein Geschenk und wird unter vielen Danksagungen verabschiedet.

In schöner Regelmäßigkeit finden mit den Kollegen in einer *Izakaya* (Kneipe) geschäftliche Partys offizieller Natur statt, *Nomikai (*Trinktreffen) genannt. Es wird erwartet, dass jeder Mitarbeiter in einem gewissen Umfang an diesen Partys teilnimmt, da sie einen sozialen Aspekt der Arbeit darstellen. Natürlich muss man auch hier zahlen. Nachdem der Vorgesetzte einen größeren Teil übernommen hat, zahlt jeder Teilnehmer denselben Betrag, unabhängig davon, was er konsumiert hat. Diese Partys brauchen keinen Anlass, aber zu bestimmten Ereignissen ist ein *Nomikai* einfach notwendig. Zum Jahreswechsel feiern alle Firmen *Boonenkai* (Jahresabschlussfeier) und zur Begrüßung eines neuen Kollegen *Kangeikai* (Willkommensparty) oder zur Verabschiedung *Soobetsukai* (Abschiedsfeier). Meist wird getrunken, was das Zeug hält, böse Zungen sprechen von Trinkgelagen. Die Stimmung ist hervorragend, laut und ausgelassen und es ist erlaubt, auch Dinge auszusprechen, die man seinen Kollegen und Vorgesetzten im Büro niemals sagen würde. Am nächsten Morgen im Büro ist alles wie vorher und egal, wie betrunken man war, ist man zur Stelle und macht seine Arbeit.

Im etwas vom Alkohol benebelten Zustand wird zunächst der Gemeinschaftssinn beschworen und die japanischen Kollegen werden plötzlich anhänglich. Die sonst so körperkontaktscheuen japanischen Angestellten liegen sich plötzlich auch mal in den Armen und werden mitunter sehr, sehr sentimental. Falls Kolleginnen anwesend sind, halten sie sich eher zurück.

Private Partys gibt es auch, auch diese finden normalerweise in Kneipen statt und jeder zahlt auch hier seinen Anteil. Diese *Gookon* genannten Partys entpuppen sich schnell als Kuppeltreffen. Meist verabreden sich eine junge Frau und ein junger Mann dazu und jeder bringt dieselbe Anzahl an Frauen beziehungsweise Männern mit. In der Kneipe angekommen, geht es durch einfache Trinkspiele erst einmal darum, möglichst schnell einen ordentlichen Alkoholpegel aufzubauen, um dann mit den eindeutigeren Spielen weiter zu machen. Da gibt es ein *Oosama*game (Königsspiel), in dem derjenige, der gerade König ist, z.b. zwei Mitstreitern den Befehl erteilt, sich zu küssen. Flaschendrehen auf Japanisch, allerdings rund zehn Lebensjahre später als wir es vielleicht kennen. Das Ziel ist, dass jeder einen Partner findet und sei es nur für eine Nacht. Manchmal verabreden sich zwei heimlich, damit die Gastgeber zufrieden sind, so zu tun als ob, fahren im selben Taxi ab und trennen sich unterwegs. Aktuell gibt es in Tokio 50% Singlehaushalte, da kann man schon mal auf solche Ideen kommen. Selbst die japanische Regierung hat eine Partnerbörse „Bridal" auf den Weg gebracht, um für mehr Ehen und somit mehr Kinder zu sorgen.

Private Partys im eigenen Haus gibt es eher selten. Da wir unsere Nachbarn gerne besser kennenlernen wollten, luden wir jeden Sommer zu einer Grillparty ein. Alle kamen sehr gerne, aßen und tranken mit Begeisterung unsere deutschen Kreationen. Einige Gäste gingen zwischendrin etwas alkoholbenebelt nach Hause, um ein Nickerchen zu machen und kamen dann wieder. Die Stimmung war immer ausgelassen und manche Nachbarn wechselten im Haus der Ausländer zum ersten Mal mehr Worte miteinander als „Guten Tag". Es wäre verlockend gewesen, eine kleine Partygebühr zu erheben, aber wir haben natürlich nach deutscher Art gefeiert und die Kosten gerne selbst getragen.

Cool
- Sobald man Bescheid weiß über die Unterschiede, sind japanische Partys sehr nett und die Teilnehmer gut gelaunt.
- Man wird manchmal völlig unerwartet in ein japanisches Haus eingeladen.

Uncool
- Wenn man denkt, dass Party eine Einladung bedeutet, man aber am Ende zahlen muss.
- Es ist für Japaner sehr schwierig, einen potentiellen Lebenspartner kennenzulernen.

Ausgelassene Party im Restaurant.

*„Ein heißes Bad erfrischt den Körper,
ein heißer Tee den Geist"*
Japanisches Sprichwort
Körper und Seele wollen zusammengehalten sein.

Restaurants

Japanische Restaurants sind großartig: Sie sprechen kein Japanisch? Kein Problem, in den meisten japanischen Restaurants muss man keinerlei Sprachkenntnissen mächtig sein, denn es gibt häufig überraschend gute Wachsnachbildungen der Speisen im Schaufenster oder wenigstens Fotos in der Speisekarte. Man kann es kaum glauben, aber was auf den Tisch kommt, sieht dann auch tatsächlich so aus. In Japan gibt es eine Zunft der Plastikmodellbauer, die seit fast hundert Jahren den Essern genau zeigt, was sie erwartet. Ursprünglich, um Japanern so seltsame ausländische Speisen näher zu bringen wie Pizza oder Schweinshaxe.

Bei einigen Restaurants, meist Suppenküchen und Curryshops, heißt es vor dem Betreten, die Entscheidung über das gewünschte Essen zu treffen und einen Bon ziehen. Nicht ganz einfach, da hier plötzlich doch Sprachkenntnisse nötig sind. In der Regel kommt aber schnell jemand vorbei, der dem verunsicherten Ausländer hilft.

Je nach Quelle gibt es in Tokio angeblich bis zu 300.000 Restaurants, auch viele mit Michelin-Sternen ausgezeichnete. Insgesamt haben die Tokioter Restaurants 303 Sterne, deutlich mehr als Paris. Wenn man sich durch die Stadt bewegt, hat man tatsächlich das Gefühl, dass es in fast allen größeren Gebäuden ein Restaurant gibt. Kaufhäuser haben mindestens ein Restaurantstockwerk und irgendwie sind immer alle voll besetzt, vor allem am Wochenende. Es bilden sich lange Warteschlangen, aber keine Bange: Man lässt sich auf einer Liste eintragen, erhält eine Einschätzung der Wartezeit und stellt sich in die Warteschlange, an deren Ende es auch einige Sitzgelegenheiten gibt. Auf diesen rückt man sukzessive weiter Richtung Eingang und wird meist vor dem Ablauf der angekündigten Zeit aufgerufen.

Kaum hat man das Restaurant betreten, wird man an seinen Tisch begleitet, erhält sofort ein feuchtes Tuch zum Händereinigen, die Speisekarte kommt und man kann zügig bestellen. Mitunter ist am Tisch eine Klingel angebracht, um den Kellner zu rufen, der dann auch sofort an den Tisch kommt. Das Essen wird schnell serviert und hat eine bemerkenswert gute Qualität. Hier zeigt sich, dass Fast Food keineswegs der Inbegriff von schlechtem Essen ist, sondern einfach nur schnell auf dem Tisch steht.

Bei einem Besuch in Japan hatte ich ein abendliches Geschäftsessen. Da ich unter Jetlag litt, bat ich meine Gastgeberin, das Essen zeitlich möglichst kurz zu halten. Sie griff im Taxi zum Handy und gab die Bitte ans Restaurant weiter. Alles ging super zügig und niemand fühlte sich in seiner Berufsehre beleidigt.

Wenn man gehen möchte, bewegt man sich einfach mit seiner Rechnung an die Kasse und zahlt. Alles sehr effektiv und einfach, selbst die lästige Frage nach der Höhe des Trinkgelds entfällt, da diese Form der Nebeneinnahme in Japan nicht existiert.

Warum in Japan auf makellose Socken zu achten ist, weiß man spätestens, wenn man im Restaurant die Schuhe ausziehen muss. Die eigenen Schuhe verschwinden in einem Schrank und man benötigt dann Schlappen, um zur Toilette zu gehen. Da ist guter Rat teuer, kommt aber meist schnell um die Ecke in Gestalt eines Kellners, der kurzerhand seine Schlappen auszieht, um sie dem Gast körperwarm hinzustellen. Das erfordert eine gewisse Überwindung, am besten gepaart mit einem kleinen Promillepegel. Auf der Toilette dann die nächste Überraschung: Spezielle Toilettenschlappen. Jetzt ist Koordination gefragt: Kellnerschlappen aus, Toilettenschlappen an, Toilette benutzen und zurück in die Kellnerschlappen. Natürlich nicht, ohne die Toilettenschlappen wieder schön ordentlich arrangiert zu haben, so dass der nächste Gast direkt hinein schlüpfen kann. Wehe, wenn man vergisst, die Toilettenschlappen zu wechseln: Dann ist man der Running Gag für viele folgende Gelegenheiten.

„This is a place to eat and not to sit and drink." Die meisten japanischen Restaurants und Kneipen verstehen sich nicht als abendfüllendes Amusement. Japaner scheinen das feste Ritual zu haben, nach zwei Stunden die Lokalität zu wechseln. Eben noch hoch die Tassen und im nächsten Moment steht man auf der Straße und überlegt, wie der Abend weitergeht. Oft führt der Weg nun in eine Bar und dann zum Karaoke.

In japanischen Restaurants gibt es mitunter auch ein paar schwer verdauliche Komponenten: Manchmal lebt das Essen noch und es ist doch für die meisten Ausländer befremdlich, wenn das *Sashimi* (roher Fisch in Scheiben) als Teile eines kompletten Fischs serviert wird, der noch Lebenszeichen zeigt und z.B. die Kiemen bewegt. Auch lebende Shrimps auf dem *Teppanyaki* (heiße Eisenplatte) sind für zart besaitete Ausländer kein wirklich schöner Anblick. So manch einer würde dem japanischen Wirt gerne auch so glauben, dass sein Fisch frisch ist und auf *Odorigui* (tanzendes Essen) verzichten.

Für uns unwissende Ausländer gibt es einige Tischsitten, die ebenfalls eine gewisse Toleranz erfordern: Suppe und Tee werden lautstark geschlürft und laufende Nasen geräuschvoll hochgezogen, da lautes Naseputzen in der Öffentlichkeit als unfein gilt. Unfein ist es auch, wenn man so gar nicht mit dem, in einigen Kneipen üblichen, Sitzen auf der Erde zurechtkommt, hin- und her ruckelt, sich an der Wand anlehnt oder Ähnliches. Nach wenigen Minuten beschleicht den ungeübten Ausländer die Angst, nie wieder Gefühl in seine Beine zu bekommen. Darüber hinweg helfen kann vielleicht das leckere japanische Bier, meist nach deutschem Reinheitsgebot gebraut.

Cool:
- Super Qualität, schneller, freundlicher Service
- Man sieht vorher, was auf den Tisch kommt
- Man muss keinen ganzen Abend einplanen, wenn man einfach nur gut essen möchte
- Wasser und Tee gibt es immer kostenlos.
- Man erlebt viel.
- Bei jedem Restaurantwechsel kann man sich ausklinken.

Uncool:
- Noch lebende Fische und Garnelen kommen auf den Tisch.
- In den meisten Restaurants gibt es keine Nichtraucherbereiche.
- Das angeblich gesündeste Essen sieht oft am unappetitlichsten aus.

Wachsmodelle im Restaurantschaufenster: „Ein Mundvoll von allem" von links oben: Sashimi, Tempura (in Öl gebackenes Gemüse und Fisch), Soße, Pickels, süßer Eierstich, Reis, Pickels, Misosuppe, Soße zum Tenpura.

Essen

Japaner essen *Sushi*? Ja, manchmal! Gutes *Sushi* ist teuer und auch für Japaner eher eine recht selten genossene Spezialität.

Japanische Fisch-Reishappen sind meist von großartiger Qualität, aber die Sorten sind doch mitunter auch recht speziell für den ungeübten Ausländer: Seeigel, rohe Shrimps oder Quallen.

Daneben beinhaltet die japanische Küche eine ungeahnte Speisenvielfalt. Es gibt in Tokio weltweit die meisten Sternerestaurants, viele davon mit japanischen Speisen. Japanische Köche verstehen ihr Handwerk, auch beim Kochen internationaler Speisen, und sehr oft werden die Speisen direkt vor den Augen des Gastes zubereitet. In zahlreichen winzigen Restaurants werden für eine Handvoll Gäste am Tresen wahre Kunstwerke erschaffen.

Es gibt aber auch für das kleinere Budget zahlreiche tolle und im Ausland unbekannte Gerichte. Ausländer lieben beispielsweise *Shabushabu* (bezeichnet das wallende Geräusch der Brühe): Ein Fleischfondue, das man selbst am Tisch auf einer Induktionsplatte oder Gasflamme zubereitet. In einer Brühe werden Gemüse, Tofu und Nudeln gekocht und das hauchdünn geschnittene Fleisch für einige Sekunden in das kochende Wasser getaucht. Nun stehen zwei Soßen zur Auswahl, in die das Fleisch und das Gemüse getunkt werden. Vorsicht ist allerdings immer bei den Preisen geboten. Natürlich kann man zum Mittagessen für rund 20,-€ zwei Stunden „*All you can eat Shabushabu*" bekommen. Es könnte aber auch der Fall sein, dass kein einfaches Rindfleisch, sondern das berühmte und sehr teure *Kobebeef* (Rindfleisch aus der Stadt Kobe) in den Fonduetopf kommt. Dann gibt es preislich nach oben kaum eine Grenze. Also Augen auf bei der Auswahl des Restaurants und lieber nachfragen, was keineswegs peinlich ist, falls die Preise mit *Kanji* (chinesische Zeichen) angegeben sind.

Yakiniku (gegrilltes Fleisch) ist ebenfalls ein bei In- und Ausländern höchst beliebtes Gericht. Hier wird beim Grillen selbst Hand angelegt. Praktischerweise muss man sich im Vergleich zum Grillen im Garten um nichts anderes kümmern, als dem Garen des Fleisches und des Gemüses. In die Tischplatte eingelassen gibt es einen kleinen Grill, meist mit Gas betrieben, aber mitunter auch mit Holzkohle. Der verschmutzte Rost wird immer wieder ausgetauscht und bei Bedarf auch die abgebrannte Kohle. Gegen den lästigen Qualm gibt es natürlich leistungsstarke Dunstabzüge und gegen Fettspritzer Papierschürzen, so dass dem Grillvergnügen nichts im Wege steht. Mit der Rechnung kommt dann auch immer Kaugummi, damit kein Mitbürger durch die deftigen Knoblauchdüfte der genossenen Beilagen belästigt wird. Weit entfernt von Fließbandsushi und Nudelsuppen ist die Königsklasse des japanischen Essens, das *Kaiseki Ryoori*. Hierbei werden zahlreiche kleine Speisen gereicht, wunderschön angerichtet, mit frischen Zutaten der Jahreszeit. Es wird nichts dem Zufall überlassen und das Geschirr, die Dekoration, die Atmosphäre sind ebenso wichtig wie die Speisen. Das *Kaiseki* ist häufig ein Teil der Teezeremonie. Es wird spezielles Geschirr gewählt, um die jeweiligen Speisen besonders gut zur Geltung zu bringen und die Darbietung auf dem Teller sowie die beiliegenden Garnituren sind von größter Kunstfertigkeit und verkörpern die japanische Ästhetik sehr gut. Der Ursprung dieser ungewöhnlichen Speisen und ihrer Darbietung liegt im Zen-Buddhismus.

Eine tolle Sache ist auch die japanische Variante der Butterbrotdose: Das *Bento* (Wegzehrung). Dies sind Mitnahmeboxen, deren Inhalt man zu Hause, im Büro, bei Meetings, beim Kirschblütenfest oder im Fernzug isst. Immer frisch zubereitet und in unzähligen Varianten z.b. mit Fisch, Fleisch, Gemüse, Reis, Pickels und einem kleinen Nachtisch. Eine echte Alternative zu Schokoriegeln oder Süßem vom Bäcker. Traditionell eingestellte Hausfrauen bereiten natürlich früh am Morgen für den Gatten und die Kinder solche *Bento* frisch zu. Japanische Teenager bevorzugen heute aber leider auch Süßes oder Fettes von amerikanischen Fastfoodketten.

Eher gewöhnungsbedürftig sind die im Winter in einer heißen Brühe in den *Konbini* (24Stunden-Supermärkte) vor sich hin köchelnden etwas undefinierbaren Speisen. *Umeboshi* (eingelegte, salzige Dörrpflaumen) sind genauso wenig jedermanns Sache wie Spieße mit Hühnerhaut oder der Verzehr der kunstvoll gegrillten Schalen und Köpfe von Garnelen. Auch süße Stückchen mit brauner Bohnenpaste als Füllung oder Shrimpsnacks muss man sich geschmacklich erst erarbeiten, aber es lohnt sich.

Ebenfalls nicht ganz einfach zu genießen ist für Ausländer auch das japanische Frühstück, das ein Test ist, ob Sie, wie vorher vielleicht vollmundig verkündet, wirklich japanisches Essen mögen. Oft besteht dies aus folgenden Speisen: Kalter gegrillter Fisch, warmer Reis, eingelegtes Gemüse, Misosuppe, vergorene Bohnen, rohes Ei, grüner Tee. So mancher Fremde wurde danach bei der verzweifelten Suche nach dem nächsten *Convenience Store* beobachtet, um dort ein süßes Brötchen und Dosenkaffee zu erstehen. Wie unangenehm Frühstücksgewohnheiten aus anderen Kulturen sein können, ist hier sehr schön zu sehen: Youtube „American kids try breakfasts from around the world".

Ebenso schwer tun wir uns mit schwarzem Essen, das der Trend der Stunde in Japans Gastronomie ist. Egal, ob Burger, Eis, Hot Dog oder Curry, schwarz ist die Lebensmittelfarbe, für die Japaner durchs ganze Land reisen und stundenlang Schlange stehen.

Wir verbinden schwarz mit Schimmel und Ungenießbarem, Japaner sind durch Algen, Bohnenpaste und Sesam eher daran gewöhnt, aber vielleicht sind sie einfach wieder mal nur neugieriger und experimentierfreudiger als wir Langweiler und der Trend ist in zwei Jahren bei uns.

Cool:
- Überall schnelles Essen von super Qualität, die ihresgleichen sucht.
- Tolle Gerichte, von denen man im Ausland noch nie gehört hat.
- Man darf freundlich ablehnen, wenn einem etwas nicht zusagt.
- Trendiges Essen mit ungeahnten Geschmackserfahrungen.

Uncool
- An manchen Geschmack muss man sich erst gewöhnen und bei manchen Gerichten gelingt das nie.

Getränke in Beuteln, praktischerweise gleich mit Strohhalm.

Schlafen

Man muss es einfach bewundern: Japaner können überall schlafen, tun dies auch und niemand stört sich daran. Ausländer werden beim Smalltalk gerne mal gefragt, wie lange sie denn so durchschnittlich nachts schlafen. Die Antwort lautet dann: „Sechs bis acht Stunden", was nicht mehr ganz nüchterne Japaner zur spontanen Meinungsäußerung bringen kann: „Wie ein Tier im Winterschlaf". Japaner sind stolz darauf, nachts relativ kurz zu schlafen und dafür am Tag Powernapping zu betreiben, wo sie gehen und stehen. Stehen ist wörtlich gemeint, im Zug stehend zu schlafen ist eine japanische Spezialität. Es gibt natürlich auch einen Begriff für diese Art des Schlafs: *Inemuri* (anwesend sein und ein Nickerchen machen). Viele In- und Ausländer haben sich bereits mit diesem Phänomen beschäftigt, aber man ist sich nicht einig. Die einen denken, dass die Japaner ständig übermüdet sind, die anderen möchten die Art des japanischen Powernappings gerne ins Ausland übertragen. Man möge sich diese Szene in einem anderen Land vorstellen: Ein Pärchen sitzt an einem Sonntagnachmittag im Café und wahlweise er oder sie legt den Kopf auf den Tisch und schläft eine Runde. Das kommt regelmäßig vor und als ich den wachen Partner fragte, wie es ihm dabei gehe, antwortete er völlig irritiert: „Na ja, sie ist eben müde".

Es nimmt einem als Ausländer niemand übel, wenn einen in der Kneipe abends der Schlaf übermannt und man mal kurz einnickt. Andererseits fragt sich der ausländische Betrachter, warum japanischen Schülern noch nicht in den Sinn gekommen ist, in der Schule wach und aufmerksam zu sein und sich dadurch die nachmittägliche Nachhilfeschule zu ersparen. Wahrscheinlich wäre es alleine, ohne die Schulfreunde, die alle dorthin gehen, einfach zu langweilig.

Es gibt das hartnäckige Klischee, dass Japaner, die im Zug einschlafen, immer rechtzeitig aufwachen und die richtige Station erwischen, bei der sie aussteigen wollen. Ich habe es sehr oft erlebt, dass der Schaffner an der Endstation durch den Zug läuft und Tiefschläfer weckt, unter heftigem Rütteln und den Worten „Herr Kunde, hier ist die Endstation". Ob diese Pendler tatsächlich alle bis hierhin fahren wollten?

Manchmal fragt man sich, was viele Japaner am Wochenende am liebsten machen – Sie haben es sich sicher schon gedacht: Die Antwort am Montag morgen lautet: „Ich habe geschlafen." Irgendwann fordert das nächtliche Schlafdefizit eben doch seinen Tribut.

So weit, so gut. Kritisch wird es, wenn ausländische Geschäftsleute nach Japan fliegen, um wichtige Meetings abzuhalten. Da hat man allerhand über die Gepflogenheiten im Land der aufgehenden Sonne gelernt und versucht, möglichst nicht anzuecken, sich ordentlich zu verbeugen, Visitenkarten auszutauschen und dann machen hochrangige japanische Manager während dieser Meetings ein Nickerchen. Das ärgert den ausländischen Gast doch sehr und lässt ihn an der Ernsthaftigkeit und dem Respekt der japanischen Partner zweifeln. Man kann sich aber sicher sein, dass die Information durch die Hierarchie dennoch ankommt und sollte deshalb kühlen Kopf bewahren. Vielleicht sollten alle zur Beruhigung der Gemüter beim nächsten Besuch eines der Schlafkonzerte besuchen, die in Japan immer wieder mal angeboten werden. Da gibt es Sitze, die mit Decken, Kopfkissen und Hausschuhen ausgestattet sind – dort rafft der Schlaf sicher auch den ausländischen Gast schnell hin und fördert vielleicht sein Verständnis für öffentlichen Schlaf.

Es gibt übrigens durchaus auch öffentliche Debatten darüber, was von schlafenden Abgeordneten zu halten ist.

Cool
- Powernapping ist wirklich erholsam - versuchen Sie es mal.
- Niemand stiehlt Ihnen etwas, während Sie schlafen.

Uncool
- Wenn wir das Gefühl haben, in wichtigen Veranstaltungen nicht wichtig genommen zu werden.

Schlafen in der Öffentlichkeit.

Mundschutzmasken

Wenn man sie zum ersten Mal sieht, ist es ein Schock und man fragt sich unwillkürlich: „Ist hier ein Fall von Schweinegrippe, MERS, Ebola oder noch Schlimmerem aufgetreten?". Die Rede ist von japanischen Gesichtsmasken über Mund und Nase. Wenn eine Erkältung im Anzug oder bereits in vollem Gange ist sowie bei Pollenallergien tragen Japaner sehr große Gesichtsmasken, wie hierzulande Ärzte, die sich auf Intensivstationen vor Ansteckung schützen wollen. Da man nun nicht mehr an die Nase herankommt, wird diese einfach regelmäßig hochgezogen. Zu bestimmten Jahreszeiten trägt gefühlt jeder zweite Japaner eine solche Maske über Mund und Nase. Es gibt sie in arztweiß, aber mittlerweile auch in jeder beliebigen Farbe und mit lustigen Aufdrucken. *Hello Kitty* und Mangafiguren wie *Ampanman* machen auch hiervor nicht halt. Durch diese Masken wird die Aussprache etwas undeutlich und wenn man verstanden werden möchte, z.B. bei einer mündlichen Prüfung, klemmt man sich die Maske einfach vors Kinn.

Bei einem von mir durchgeführten Sprachtest nahm ein Prüfling mit Schutzmaske Platz, rückte diese an die Kinnspitze und dort sprang sie beim Sprechen auf und ab. Dieser Anblick stellte mich als Prüferin auf die sehr harte Probe, ob ich hier noch den nötigen Ernst aufbringen und die Prüfung wie geplant durchführen könnte. Gar nicht so einfach, angesichts des aufziehenden Lachanfalls. Ich entschied mich dann, meinem Kollegen die Prüfung zu überlassen und mich darauf zu konzentrieren, nicht loszukichern. Japanische Prüfer bemerken diese lustigen Dinge wahrscheinlich gar nicht mehr.

Die Masken machen auch Moden mit, es gibt sie in passenden Farben zur Kleidung, mit angenehmen Düften und die rund einhundert Hersteller kennen viele Gründe, weshalb man die Masken tragen sollte. Neben den Argumenten gegen Pollen und Ansteckung helfen die Masken auch, das Gesicht zu verstecken. Dies ist besonders praktisch bei kosmetischen Unzulänglichkeiten wie Herpes oder einem Pickel auf der Nase. Auch wenn man keine Zeit oder Lust zum Schminken hat: Einfach Maske auf und los.

Ohne Zweifel lassen sich durch die Masken bestimmte Ansteckungen vermeiden. Ihren Beginn nahm der Griff zur Maske 1919 beim Ausbruch der Spanischen Grippe in Japan und bei jeder neuen Krankheitswelle verstärkt sich der Drang, sich zu schützen. Im Jahr verkaufen die Hersteller den Japanern drei Milliarden Stück Zellstoff-rund vierundzwanzig pro Inselbewohner. Bei Grippewellen fordert auch mancher deutsche Arzt, sich an Japan ein Vorbild zu nehmen, um seine Mitmenschen und sich selbst zu schützen. Bei jährlich rund 10.000 Grippetoten in Deutschland vielleicht gar nicht so abwegig.

Cool
- Die Mitmenschen werden vor Ansteckung geschützt.
- Auch der eruptivste Nies- oder Hustenanfall geht erst mal in die Maske und nicht auf den Nachbarn im Zug.
- Man kann mit einer individuellen Maske ein Statement abgeben.

Uncool
- Sieht beängstigend aus.
- Dahinter wird die Nase hochgezogen.
- Wenn Ausländer denken, sie sollten sich anpassen und auch Masken tragen.

Toiletten

Wenn in Deutschland mal wieder Saure-Gurken-Zeit für die Medienlandschaft ist, kommen sie ganz sicher um die Ecke: Die verwundert belustigten Berichte über japanische Toiletten. Es gibt sie tatsächlich und zwar überall: Hightech-Toiletten japanischer Art. Wer sie benutzt hat, möchte sofort eine mit nach Hause nehmen. Davon muss aber dringend abgeraten werden: Sie passen meist nur auf japanische Keramiken und benötigen 110 Volt.

Egal, wo Sie in Japan eine Toilette benutzen möchten, Sie werden fündig. In Kaufhäusern weisen überall angebrachte Schilder darauf hin und an Einfallstraßen in die Städte wird von vielen Läden damit geworben, dass es dort eine Toilette gibt. Manchmal hat man Pech und es gibt eine Hocktoilette alter Art, aber meist gibt es auch moderne Sitztoiletten, die mit dem Wort „Western" gekennzeichnet sind. Überall sind sie auf das Wunderbarste ausgestattet, auch in Kaufhäusern, Autobahnraststätten oder in Hotels. Manchmal muss man ein bisschen Japanisch können, um sie zu bedienen. Vor das Benutzen der Toilette hat die japanische Etikette in manchen Restaurants, Firmen und Wohnhäusern das Anziehen von speziellen Toilettenschlappen gesetzt. Verantwortlich dafür waren die Bedingungen auf den Stehtoiletten und heute findet man es einfach allgemein schön hygienisch. Es gibt kein Rütteln und Zerren an der Toilettentür. Wer hinein möchte, klopft kurz an und wer drinnen ist, klopft zurück und sagt damit: „Besetzt". Dann betritt man den Toilettenraum, der in Wohnhäusern immer getrennt vom Bad ist, und vielleicht öffnet sich wie von Geisterhand beim Nähertreten der Toilettendeckel. Man setzt sich vorsichtig und stellt erfreut fest: Die Brille ist geheizt. Dieses Detail ist in den kalten Wintermonaten durchaus eine sehr angenehme Komponente, da viele Räume im Haus nicht geheizt werden. Man tut, was man tun muss. Vor allem Japanerinnen sind die Geräusche dabei sehr peinlich und deshalb gibt es auf jeder öffentlichen Toilette, die etwas auf sich hält, eine *Otohime* (Geräuschprinzessin), die elektrisch ein Spülgeräusch abspielt, wenn man sie betätigt. Diese Erfindung hatte eine große Wasserersparnis zur Folge, da früher einfach gleichzeitig die Spülung dauerhaft gedrückt wurde. Jetzt endlich beginnt das wirklich Besondere: meist ist rechts vom Benutzer ein Bedienpaneel angebracht, auf dem so allerhand steht, z.B. *oshiri*, ein nettes Wort für Po, oder „Bidet" oder „Dry". Man kann die Stärke und die Temperatur des Wasserstrahls einstellen, erhält je nach Wunsch eine partielle Reinigung und Trocknung und einen großen Knopf für Stopp gibt es natürlich auch. Da Japaner Meister im Visualisieren sind, gibt es bei all diesen Bedienknöpfen auch erklärende Piktogramme. Schwierig kann es allerdings sein, den Knopf für die Toilettenspülung zu finden. Hierbei kann es helfen, wenigstens die Zeichen für 大 *ookii* (groß) und 小 *chiisai* (klein) zu kennen. Hat man ihn betätigt, fließt häufig das Wasser über einen recht großen, außen liegenden Hahn für die nächste Spülung in den Spülkasten. Hier könnte man sich gleich die Hände waschen, tun wohl die Wenigsten, ist aber ein interessanter Wasserspargedanke.

Vor einer Sache muss dringend abgeraten werden: Probieren Sie niemals die Funktionen aus, wenn Sie vor der Toilette stehen. Ihre Kleidung wird sonst danach ein großer, auffälliger Wasserfleck zieren und Sie werden für andauernde Erheiterung sorgen.

Japanische Erfinder sind schon länger damit beschäftigt, die Funktionen der Toiletten zu erweitern: Zuckermessung, die Bestimmung der Körpertemperatur und Blutdruckmessung sind auch gleich vor Ort möglich.

Das Thema Toilette beschäftigt die Japaner tatsächlich enorm: Im Sommer 2014 gab es eine drei Monate dauernde Toilettenausstellung im Tokyo Science Museum. Dort konnte man mal ausprobieren, wie es sich anfühlt, durch die Toilette gespült zu werden: Der Besucher stieg mit einem braunen Häufchenhut aus Pappe auf dem Kopf über eine Treppe in eine Riesenkeramik und rutschte auf einer Rutschbahn ins Innere. Youtube: „Ein Haufen Spaß: Fäkalien-Schau in Tokio" von afpde.

Im Zuge der olympischen Spiele überlegen die Verantwortlichen bereits heute, wie man die öffentlichen Toiletten schöner gestalten könnte und deshalb gab es im Sommer 2015 einen Wettbewerb, bei dem Designer aufgerufen wurden, ihre Ideen für Toiletten einzusenden. Gesucht wurde von der Japan Toilet Association die schönste Toilette des Landes. Die Bewertungskriterien waren: Sauberkeit, Sicherheit, Komfort, Kreativität und Nachhaltigkeit. Es geht dabei auch um die weltweite Toilettensituation, vor allem das Thema Sicherheit ist in vielen armen Ländern ein sehr ernstes Thema. Es gab 360 Bewerbungen und Japans Regierung hat im September 2015 zum ersten Mal die besten Toiletten des Landes ausgezeichnet.

Auf dem Tokioter Flughafen *Narita* gibt es seit Sommer 2015 eine Ausstellung der japanischen Badkeramikfirma Toto mit dem Titel „Gallery Toto", wo die neusten Errungenschaften in Sachen Supertoilette ausgestellt sind. Der stolze Slogan der Ausstellung lautet: „TOTO´s state-of-the-art toilets, promoting the culture and technology of Japanese toilets to the world". Youtube: „Gallery Toto" von The Japan Times

Im Interview sagte der Entwickler Junichi Tani: „Die perfekte Toilette ist die, an die man sich danach nicht mehr erinnert" und zum Thema

Toiletten in Europa: „Die öffentlichen Toiletten in Europa sind nicht freundlich zu den Menschen."

Cool

- Großer Hygienefaktor
- Wohlfühlfaktor durch beheizte Toilettenbrillen.
- Die Japaner finden es gar nicht peinlich, über dieses Thema zu sprechen.
- Hi-Tech mit Mehrwert für den Nutzer.

Uncool

- Mitunter sehr schwer zu bedienen, wenn man die Schriftzeichen nicht lesen kann.
- Stehtoiletten sind nichts für Kniekranke.
- Schuhwechsel nichts für Ungeübte.

Hier sind alle Geschäfte „great".

Baden

Baden dient der Körperreinigung, dachten Sie? Könnte sein, aber nicht in Japan. Hier ist es eine Art Meditation am Abend, Wellness, um die alltäglichen Sorgen zu vergessen. Japaner sind Badefanatiker, ohne abendliches Bad fühlen sie sich schnell unwohl. Im Land der natürlich vorkommenden heißen Quellen ersetzte früher das dörfliche Gemeinschaftsbad das Mitteilungsblatt. Alles, was es an Klatsch und Tratsch über Frau Nakamura, Herrn Tanaka oder Fräulein Ishigawa zu berichten gab, wurde hier allabendlich verbreitet. Mittlerweile muss fast niemand mehr ins öffentliche Gemeinschaftsbad gehen, denn es gibt in moderneren Häusern und Wohnungen auf jeden Fall ein zweigeteiltes Bad: Einen Vorraum mit Waschbecken und einen Raum mit Dusche und Badewanne Dieser zweite Raum ist meist komplett aus Kunststoff und verfügt über eine Badewanne, einen Schlauch mit Duschkopf und einen Spiegel. Nachdem man sich im Vorraum ausgezogen hat, betritt man das Bad und wundert sich über den Spiegel: Man sieht sich vom Hals an abwärts und dies ist kein Versehen beim Aufhängen des Spiegels gewesen. Man soll sich nämlich auf den bereitstehenden, sehr niedrigen Plastikschemel hocken und sich dort gemütlich sitzend erst mal gründlich abseifen. Sehr gründlich! Und dann noch viel, viel gründlicher abspülen. Denn der nächste Schritt ist das Baden. Das bereits eingelassene Wasser ist sehr heiß, bis zu 43°C und ganz klar. Keine Spur von Seife darf hineingelangen, um es nicht zu verunreinigen. Hier im heißen Wasser sitzend, lässt man nun den Tag an sich vorüberziehen und betreibt ein bisschen Wellness nach japanischer Art. Auf überhaupt gar keinen Fall darf man das Wasser ablassen, denn das nächste Familienmitglied wartet bereits und es relaxt natürlich im selben Wasser. Dieses Wasser wird nach dem letzten Badenden abgedeckt, damit es nicht komplett auskühlt und am nächsten Tag wird es ganz einfach von der Küche aus über eine Fernbedienung erneut aufgeheizt. Die Reihenfolge der Badenden ist natürlich auch streng festgelegt: Erst der Vater (falls er schon zu Hause ist), dann die Großeltern, dann die Kinder und schließlich die Mutter.

Ausländer finden diese Badesitten so klasse, dass sie jede Gelegenheit nutzen und es gibt viele davon: In klassisch japanischen Hotels und sogar auf Fährschiffen. Manchmal kommt man ins Gespräch und dann kann es schnell passieren, dass einem auch mal der Rücken fest abgeschrubbt wird.

Cool
- Man kann sich prima entspannen, wenn man erst einmal den Schmerz des heißen Wassers vergessen hat.

Uncool
- Ausländer werden manchmal ausgeschlossen, weil die Japaner Angst haben, dass diese Fehler machen und dann wegen Sprachbarrieren keine Verständigung und Erklärungen möglich sind.

Der weiße Schemel im Vordergrund dient als Sitz.

Onsen

Die zweite, bei In- und Ausländern sehr beliebte Art des Badens ist in Japan der Besuch eines *Onsen* (heiße Quelle). Oft sind diese *Onsen* mit Herbergen verknüpft, aber an vielen Stellen ist auch ein kurzer Badebesuch möglich. Zunächst sollte sich der interessierte Besucher fragen, ob seinen Körper ein Tattoo ziert. Dies ist nämlich ein Ausschlusskriterium. Tattooträger müssen draußen bleiben und das ist durchaus ernst gemeint. Wenn man sich nicht der Peinlichkeit eines Rauswurfs aussetzen will, sollte man mit Tattoos nicht öffentlich baden gehen. Tattoos gelten in Japan heute noch als Verbrecherabzeichen, vor allem die der *Yakuza* (japanische Mafia). Zur Zeit gibt es von Seiten der japanischen Tourismusagentur einen Vorstoß, um die privaten *Onsen*betreiber etwas gnädiger bezüglich Tattoos bei Ausländern zu stimmen, mal schauen, was daraus wird. Wenn diese Sache geklärt ist, macht man sich auf die Suche nach einem schönen *Onsen*, denn nicht zwangsläufig jeder *Onsen* ist einen Besuch wert.

Es gibt aber auch sehr außergewöhnliche Bäder, z.b. mit ungeduldig wartenden Japanmakaken (Affen) in unmittelbarer Nähe, mit Blick auf den Berg Fuji, oder in tiefen Tälern, nur erreichbar mit einer Zahnradbahn. Man betritt den Vorraum und zieht natürlich als erstes seine Schuhe aus. Nun muss man die Zeichen für Mann und Frau richtig deuten, denn in heutigen Zeiten sind die *Onsen* fast immer nach Geschlechtern getrennt. Früher war das anders, aber die prüden Amerikaner und Engländer waren der Meinung, den Japanern nach der Öffnung des Landes Mitte des 19. Jahrhunderts Zucht und Ordnung beibringen zu müssen und so wurde es Sitte, die Bäder nach Geschlechtern zu trennen. Die Japaner haben dies heute so verinnerlicht, dass ein wirklich guter Schocker für sie ist, wenn man ihnen sagt, dass in Deutschland die Sauna gemischt und nackt besucht wird. Man zahlt, erhält oftmals ein verpacktes Handtuch und geht dann getrennt in den jeweiligen Damen- oder Herrenbereich. Dieses Tuch ist allerdings nur rund 25 cm breit und sehr dünn. Man betritt einen Vorraum mit Körben. Hier zieht man sich aus und legt all seine Habseligkeiten, auch die Wertsachen, in die Körbe, die einfach offen stehen bleiben. Schließfächer gibt es recht selten, aber es kommt nichts weg! Jetzt betritt man den Waschraum. Wenn man Glück hat, ist er mit Sitzduschen ausgestattet. Es kann aber auch sein, dass man Wasser in Schüsseln zapfen muss und sich damit übergießt. Das ausgehändigte Handtuch kommt nun ins Spiel: Von vielen Badegästen wird es mit Seife eingerieben und dann der ganze Körper abgerubbelt. Gründliches Spülen nicht vergessen! Im nächsten Schritt dient das kleine Handtuch auf dem Weg zum Bad zum

Verdecken einiger Körperteile. Der nächste Schritt ist gepaart mit einer Mutprobe: Wer schafft es wie schnell in das meist schmerzhaft heiße Wasser? Das kleine Handtuch wird jetzt kurzerhand zusammengefaltet und auf den Kopf gelegt. Der zügige Schweißausbruch ist vorprogrammiert und nun würde sich der geneigte Besucher etwas wünschen, was in Spas weltweit zur Grundausstattung gehört, den Ruheraum mit gemütlichen Liegen. Diese Annehmlichkeit sucht man im inneren Bereich in japanischen *Onsen* fast immer vergeblich. Es ist eben nicht vorgesehen, dass die Besucher stundenlang bleiben.

Cool
- Wellness auf einzigartige Art, oft in wunderschöner Landschaft.
- *Onsen*besuche eignen sich hervorragend für Kurzurlaube.
- Jede Quelle hat besondere Heilfähigkeiten.
- Es wird nichts gestohlen.

Uncool
- Paare und Gruppen müssen sich fast immer nach Geschlechtern trennen.
- Man kann nicht lange im eigentlichen Bad bleiben, weil Liegemöglichkeiten fehlen, diese gibt es erst außerhalb des Bades.

Ein idyllischer Onsen auf dem Land.

Religion

Religion ist ja im Allgemeinen ein sehr heikles Thema. Die Angst, etwas falsch zu machen ist groß. Zum Glück ist das in Japan anders. Während der Großteil der Menschen der Meinung ist, dass er sich für eine Religion entscheiden müsse und dies dann mit der gebotenen Ausschließlichkeit tut, ist man in Japan nicht so dogmatisch eingestellt. Die Frage „Welcher Religion gehören Sie an?" würden die meisten Japaner dann auch nicht eindeutig beantworten, da sie sich sowohl dem Schintoismus als auch dem Buddhismus verbunden fühlen. Santa Claus, Weihnachtsmusik und allerorten Weihnachtsbäume passen aber genauso ins Bild wie christliche Zeremonien zur Hochzeit, die aus romantischen Gründen gewählt werden. Man heiratet oft einfach doppelt: Schintoistisch und dann gleich noch mal christlich.

Die groben Zuständigkeitsbereiche der Religionen sind recht klar definiert: Der Schintoismus ist für das Leben auf Erden zuständig und der Buddhismus für das Jenseits. Wenn man eine alltägliche Bitte hat, z.b. Erfolg bei einer Prüfung, eine sichere Reise, Glück in der Liebe, geht man in den Tempel oder Schrein, schreibt auf ein gekauftes *Ema* (Holztäfelchen mit Votivbild) seinen Wunsch und hängt es öffentlich sichtbar auf. Man kann Horoskopzettel erwerben und sich mit Glücksbringern für alle Anlässe ausstatten. Kleine Geldspenden sind gerne gesehen und in vielen Schreinen gibt es eine Glocke, die man zum Klingen bringt, um die Aufmerksamkeit der Götter zu erregen. Tempel und Schreine gibt es überall, oft zusammen, aufgrund von einst angestrebter theologischer Zusammenführung beider Religionen. Manchmal an wunderschönen Orten, manchmal eingequetscht zwischen Hochhäusern. Berührungsängste als Nichtjapaner sind völlig unnötig, da man als interessierter Mensch willkommen ist und all das tun darf, was auch die Japaner an den religiösen Orten tun. Am besten einfach beobachten und nachmachen. Falls gerade eine Zeremonie im Gange ist, wird sich niemand wundern, wenn sich der fremde Besucher einfach anschließt und mitmacht. Kann ja eigentlich nicht schaden.

Meine Frage an eine japanische Freundin „Warum machst du dieses oder jenes im Schrein?" hat allerdings peinlich berührtes Schweigen ausgelöst, gefolgt durch die Antwort „Hm, weil meine Mutter das immer so gemacht hat". Religion ist in Japan oft eher intuitiv und vor allem im Schintoismus durch keine Regeln oder Schriften eingeengt.

Ein sehr beliebtes Touristenziel ist der heilige Ort des buddhistischen Mystizismus *Koyasan* in den Bergen bei *Nara*, wo man auch in einer der zahlreichen Klosterherbergen übernachten kann. Um fünf Uhr morgens wird die Glocke geschlagen und der Besucher wird zur

Teilnehme an der Morgenandacht gebeten. Machen Sie einfach mit, niemand will Sie auf eine andere religiöse Seite ziehen. Das Klosterleben ist allerdings sehr karg, die Zimmer außer im Hochsommer sehr kalt und das Essen vegetarisch und spärlich. Für die Gäste gibt es jedoch keine religiöse Zurückhaltung vor der modernen Welt, die Gästezimmer sind mit einem Fernseher und WLAN ausgestattet und die Preise für die Übernachtungen sind sehr weltlich, nämlich meist gesalzen hoch.

Zazen (Sitzmeditation) ist die japanische Variante des Buddhismus. Auch hier gibt es Klöster, in denen der interessierte Besucher willkommen ist und mitmachen kann. Allerdings sollte man sich darüber im Klaren sein, dass für den Ungeübten das Meditieren im Sitzen auf der Erde sehr schnell sehr schmerzhaft wird. Ein deutscher Freund von mir, nicht mehr ganz jung und nicht ganz schlank, wollte unbedingt mit seinen langjährigen japanischen Geschäftspartnern ein Wochenende im Kloster verbringen, natürlich mit *Zazen*. Das Sitzen fiel ihm sehr schwer, aber er wollte nicht aufgeben und wurde am Ende ohnmächtig vor Schmerz und Anstrengung. Dies brachte ihm die grenzenlose Bewunderung seiner japanischen Mitstreiter ein, für die es das Größte ist, wenn jemand in *Samurai*tradition (Krieger) sein eigenes Wohlergehen einfach mal vergisst.

Es gibt meist einen Mönch, der mit einer Art Holzlatte durch die Reihen geht und bei Bedarf dem Meditierenden einen Schlag auf die Schulter verpasst. Dies ist, freundlich ausgedrückt, ebenfalls etwas unangenehm, aber ein dankend entgegenzunehmender Aufmunterungsschlag bei nachlassender Konzentration.

Einer meiner japanischen Freunde nahm in Japan an einem internationalen Meeting mit Chinesen, Amerikanern, Deutschen, Tunesiern und Japanern teil. Zum Teambuilding wurde eine gemeinsame Meditationseinheit im Kloster veranstaltet. Der Ranghöchste der Gruppe, ein Deutscher, verlangte hierbei einen Schlag auf die Schulter, wodurch sich nun mein japanischer Freund genötigt fühlte, dies auch zu tun. So ist das natürlich nicht gedacht und ist eigentlich das Gegenteil von *Zazen*. Schließlich soll man sich auf sich selbst konzentrieren, ja sich sogar vergessen und keinesfalls in einen Wettstreit mit anderen eintreten, auch nicht mit seinem Chef.

Cool
- Unaufgeregte, ruhige Religionen.
- Jeder Mensch ist willkommen.
- Sich einfach mal in einer schönen Tempelanlage von der Atmosphäre mitnehmen lassen.
- Bei Tempelfesten sind auch die Friedhöfe Orte des Feierns.
- Zum neuen Jahr gehen viele Firmenchefs in nahe gelegene Tempel, um den Segen für das neue Jahr zu holen.

Uncool
- Für manche Menschen sicher der fließende Übergang zwischen Kommerz und Religion, aber was soll man machen ohne gesicherte Einnahmen durch Kirchensteuer?

Gläubige bei einer Segnung.

„Auch ein Affe fällt mal vom Baum"
Japanisches Sprichwort
Es geht auch mal etwas daneben

Taxi fahren

Taxifahren in Japan ist öfter mal ein Abenteuer: Man steht an der Straße und winkt, ein altertümlich wirkendes Gefährt, meist gasbetrieben, hält und nach einem kurzen Blick in das Taxi wünscht man sich noch mal an den Straßenrand zurück, weil der Taxifahrer ein Alter hat, in dem man vielleicht über das Zurückgeben des Führerscheins nachdenken sollte. Die hintere Tur öffnet sich automatisch, mitunter trifft sie das Schienbein des unwissenden Ausländers, und dann sitzt man schließlich doch auf dem mit weißen Schutzbezügen abgedeckten Rücksitz und wundert sich weiter: Der Fahrer spricht kein Wort Englisch, selbst englische Hotelnamen sollten unbedingt japanisch ausgesprochen werden, wenn man sein Ziel erreichen möchte, z.b. Mark City Hotel wird dann zu *Maaku schitty hoteru*, ansonsten erntet man ein zweifelndes „Hmmm?" Mit etwas Glück kennt er es dann, denn die Ortskenntnisse sind nicht zwingend beeindruckend. Oft muss der Fahrgast Anweisungen geben, wohin er genau möchte und wie man dorthin kommt. Die fast überall vorhandenen Navigationssysteme helfen nur, wenn man die Adresse richtig ausspricht, oder auf Japanisch aufgeschrieben hat.

Die olympischen Spiele im Jahr 2020 haben zu der Überlegung geführt, dass die Zahl der zur Zeit dreißig registrierten Fahrer mit nachgewiesenen Englischkenntnissen auf dreihundert steigen soll, bei insgesamt rund 48.000 Taxis in Tokio.

Trotz vieler Sicherheitsaufkleber „Bitte angurten", sind die Gurtschließen in einigen Taxen so gründlich versteckt, dass dies unmöglich ist. Der Preis ist gesalzen: In Tokio 710 Yen (rund 5 €) Grundgebühr für die ersten Kilometer und dann rund 300 Yen (rund 2,10€) für jeden weiteren Kilometer. Auch Straßengebühren können noch dazu kommen.

Viele japanische Ruheständler lassen sich eine große einmalige Summe als Rente von ihrer Firma auszahlen und kaufen sich davon einen kleinen Imbiss oder eben ein Taxi, um nach den offiziellen Arbeitsjahren noch etwas zu tun. 16.700 selbstständige Taxifahrer gibt es in Tokio. Viele lassen sich nach der Verrentung, (2015 gesetzlich für

Männer im Alter von 61 Jahren, bei großen Firmen gehen viele früher in Rente) auch bei Taxiunternehmen anstellen, um Geld zu verdienen. Das Durchschnittsalter der Tokioter Taxifahrer beträgt beachtliche 58 Jahre.

Ein Trend geht um bei Japans Taxiunternehmen: Die Schildkrötenfahrt „*Turtle Taxi*" genannt. Bei manchen Taxiunternehmen sind die Fahrzeuge mit einem Knopf ausgestattet, der eine Schildkröte zeigt. Wenn man diesen Knopf drückt, rollt der Fahrer besonders sanft und langsam dem Ziel entgegen, was durchaus viele Fahrgäste zu schätzen wissen, z.b. Schwangere, Ältere oder Fahrgäste mit Kindern freuen sich oft, wenn das Taxi schön gemächlich dahinrollt.

Bei einem Ausflug in die Berge waren wir bei der Rückkehr ziemlich verzweifelt, weil alle öffentlichen Verkehrsmittel überlastet waren. Wir stießen zufällig auf ein Taxi, das von anderen Gästen bestellt war, aber noch etwas Zeit bis zur Abholung hatte. Ich bot dem ein Nickerchen machenden Fahrer den doppelten Fahrpreis an, wenn er uns nur bitte, bitte zu unserem Auto bringen würde. Die Fahrt klappte reibungslos und schnell und an unserem Wagen angekommen, nahm uns der ehrliche Fahrer nur den normalen einfachen Fahrpreis ab.

Tokyo wäre ohne seine tausend Taxis nachts eine ausgestorbene Stadt, da die Bahnen spätestens um ein Uhr den Betrieb einstellen. Manchmal bekommt man im Taxi Bonbons oder einen Fächer angeboten, oder führt auch ein nettes, japanisches Gespräch mit einem Taxifahrer, wenn er nicht gerade sagt: „Deutschland? Wir waren doch Partner im zweiten Weltkrieg", ein Moment, in dem ich am liebsten im Erdboden versunken wäre, aber das ist eine andere Geschichte.

Cool
- Die Taxis sind sehr sauber.
- Keine Musik im Taxi.
- Es gibt immer ein Taxameter, das immer angeschaltet wird.
- Die Fahrer tragen fast immer eine korrekte Uniform und sind gepflegt.
- Alle Fahrer sind registriert.
- Die Fahrer der Taxiunternehmen sind super geschult und super freundlich.
- Immer häufiger Navigationssysteme und WLAN im Taxi.
- Immer mehr umweltfreundliche Taxis: Gas, Hybrid, Elektroautos.

Uncool
- Sich bei eigener Ortsunkenntnis auf ein Taxi zu verlassen, hilft meist nicht.
- Manchmal bleibt man als Ausländer auch mal etwas länger am Straßenrand stehen, vor allem nachts, wenn die Taxis rar und die Kunden zahlreich sind.

Ein Preis für modernes Design ist wohl nicht in Sicht.

Eine Adresse suchen

Der Großraum Tokio ist eine 35-Millionen-Metropole, und wehe man sucht hier eine bestimmte Adresse abseits der Touristenpfade. Tokio hat ein ganz eigenes Adresssystem, in dem nicht die Straßen benannt werden, sondern die Bezirke, dann der Stadtteil, dann die Nummer des Stadtteilabschnitts, die Nummer des Häuserblocks, die Nummer des Gebäudes, eventuell ein Gebäudename und dann die Nummer des Appartements. Es gibt ein Parzellensystem, hier ist die Adresse vom Zeitpunkt ihres Entstehens abhängig und nicht von ihrer Lage und ein Gebäudeblocksystem, das auch etliche Fallstricke aufweist. Das hört sich schrecklich kompliziert an? Ja, das ist es! Der verwirrte Ausländer fragt sich, wie viele Geschäfte in Japan schon geplatzt sind, weil man sich einfach nicht findet. Japaner darauf angesprochen, hört man: „Das ist doch ein super System und total logisch." Bis man mit besagten Japanern eine Adresse sucht, z.b. ein Restaurant: Da wird gerne die vor jedem Bahnhof hängende Umgebungskarte studiert und dann meist zielstrebig losmarschiert, was aber nicht immer zum gewünschten Ziel führt. Selbst mit einem Smartphone ausgestattet, irrt man dann mit ihnen die Straße rauf und runter, um dann doch noch mal im Restaurant anzurufen und sich weitere Instruktionen zu holen.

Allerdings winkt immer und überall Hilfe in Form der japanischen Polizeiposten, den sogenannten *Kooban* (Polizeiwache). Egal, was man sucht: Ein Restaurant, eine Kneipe, ein Geschäft, die uniformierten Beamten in ihren kleinen Stadtteilrevieren sind immer freundlich und helfen angestrengt bei der Suche. Die Englischkenntnisse sind meist bescheiden, aber mit Händen und Füßen und viel Geduld schafft man es doch. Am Ende wird man mit einem kleinen gezeichneten Plan losgeschickt oder es wird direkt ein Taxi angehalten und der Fahrer mit den nötigen Informationen ausgestattet.

Mit meiner japanischen Freundin wollte ich mexikanisch essen gehen. Da wir uns in der Gegend nicht auskannten, betrat meine Freundin einfach ein *Kooban* und fragte die Polizisten um Rat. Ich wäre am liebsten im Erdboden versunken und machte mich auf eine kleine Standpauke gefasst, aber die Polizisten reagierten äußerst freundlich und halfen uns, ein Restaurant zu finden.

Da sich die in Japan zum guten Ton gehörende Pünktlichkeit und die äußerst undurchsichtige Adresslage komplett widersprechen, sollte man sich sehr, sehr gut vorbereiten, wenn man einen Termin oder eine Verabredung hat. Die erste Hürde ist das Einschlagen der richtigen Richtung im Bahnhof. Jeder Bahnhof hat Ausgänge in mindestens zwei Himmelsrichtungen, die wirklich großen Bahnhöfe rund 200 Ausgänge. Wenn man hier den falschen erwischt, ist es schon um den Termin geschehen. Wer jetzt denkt: „Da nehme ich einfach ein Taxi und lasse mich hinbringen", ist leider auch nicht wirklich gut beraten (siehe Kapitel „Taxi"). Eine gründliche Vorbereitung und eine sehr detaillierte Wegbeschreibung können helfen, tun es aber nicht immer. Da kann man dann schnell „Lost in translation" enden, da Japaner auch dazu neigen, bei sich selbst zu bleiben und sich nicht so sehr um ihre Umgebung zu kümmern. Somit kennen sie sich oft sehr schlecht aus, selbst in ihrer direkten Umgebung. Aus meiner Sicht ist es aber eine Legende, dass Japaner lieber eine falsche Wegbeschreibung geben, als zuzugeben, dass sie es nicht wissen. Steht zwar in vielen Reiseführern, kann ich aber absolut nicht bestätigen. Der hierbei gerne angeführte Grund des Gesichtsverlusts trifft hierbei auch überhaupt nicht zu, da zu dem Fremden keine Beziehung von Bedeutung besteht.

Cool
- Polizisten, die freundlich helfen, etwas zu finden und sich auch nicht zu schade sind, beispielsweise ein mexikanisches Restaurant in der Umgebung ausfindig zu machen.
- Die Beschilderungen in den Bahnhöfen sind ausgezeichnet.
- Japaner, die dem Ausländer nicht von der Seite weichen, bis sie ihn zum richtigen Ort gebracht haben.
- Überall kleine Zeichnungen zur Wegbeschreibung, z.B. auf der Rückseite von Visitenkarten.

Uncool
- Wenn man gestresst durch die Bahnhöfe und Stadtviertel irrt und sein Ziel nicht findet.
- Japaner, die sich in ihrer eigenen Umgebung nicht auskennen.

Ein bisschen Technik

Japan ist ein Hochtechnologieland mit vielen Innovationen, die die Welt verändert haben. Sony hatte die heißesten Geräte, die jeder besitzen wollte, z.b. den Walkman oder die Playstation. Handys wurden in Japan längst zum Einkaufen, Fotografieren, Bücher lesen und Nachrichten schreiben benutzt, als man hierzulande nichts anderes damit tun konnte, als zu telefonieren und dabei als Angeber betrachtet wurde. Das Hybridauto, das bereits Ende der neunziger Jahre, als der Rest der Welt noch darüber lächelte, von Toyota in Serie gebracht wurde und viele andere Beispiele.

An anderen Stellen ist die ausgereifte japanische Technik ein gut gepflegter Mythos und man reibt sich als Ausländer verwundert die Augen. Im Land der zuverlässigen Autos, die natürlich über alle Annehmlichkeiten und jede erdenkbare moderne Technik verfügen, ist man anfänglich als freundlich interessierter Besucher doch arg geschockt, wenn man feststellt, dass in den meisten Häusern und Appartements keine Systeme existieren, die den Begriff Heizung verdient hätten. Dazu kommt, dass die Häuser über keine Isolierung verfügen. Dies führt dazu, dass es im Winter, wenn der Wind ordentlich bläst, im Haus etwa so kalt ist wie draußen, was in Tokio durchaus Temperaturen um den Gefrierpunkt bedeutet. In meiner ersten Woche in Tokio trug ich zum ersten und letzten Mal in meinem Leben eine Wollmütze im Bett, weil es so kalt war, dann bin ich auf eine Heizdecke im Bett umgestiegen. Eine der Möglichkeiten zum Heizen ist dann die Klimaanlage, deren warme Luft dazu führt, den Kopf zu erhitzen, die Füße kalt zu lassen und dem Bewohner nach kürzester Zeit das Gefühl zu geben, literweise Flüssigkeit zu sich nehmen zu müssen, um der Austrocknung durch die heiße Luft zu begegnen. Eine andere Möglichkeit, gerne genutzt in kleineren Firmen, ist der Kerosinofen. Solche Öfen stehen mitten im Raum, müssen mit Kerosin befüllt werden und wenn man nicht regelmäßig lüftet, droht der Erstickungstod, was leider immer wieder mal vorkommt. Bleiben noch die traditionellen Möglichkeiten, sich eine warme Umgebung zu verschaffen: große Porzellantöpfe, die mit glühender Kohle gefüllt werden oder heute noch sehr beliebte gemütliche Heiztische, die mit einem elektrischen Heizstrahler unter der Tischdecke ausgestattet sind und die Möglichkeit bieten, die Beine darunter zu wärmen. Den Oberkörper muss man dann eben mit etlichen Kleiderschichten wärmen. Ein wahrer Lichtblick ist aber die beheizte Brille des Toilettensitzes. Man mag es glauben oder nicht, aber diese warmen Brillen sind eine echte Wohltat im kalten japanischen Winter.

Fast überall finden sich gigantische Masten mit chaotischen Überlandleitungen, die die ohnehin oft nicht gerade preiswürdige architektonische Gestaltung der kleineren Städte noch unansehnlicher machen. In Tokio liegen bis auf 7 % die Strom- und Telefonleitungen über der Erde, es sieht hässlich aus und bei Naturkatastrophen liegen die Leitungen schnell ungeschützt herum. Es existiert aber auch das Argument, dass sich gerade im Katastrophenfall die oben liegenden Leitungen schneller reparieren lassen. Das Problem ist wie überall das leidige Geld, es würde Unsummen verschlingen, alle Leitungen unter der Erde zu verlegen und die Betonlobby, die die Masten liefert, möchte natürlich auch nicht klein beigeben, da sie prächtig daran verdient. Immerhin sollen in Zukunft beim Bau neuer Straßen und in Neubausiedlungen die Leitungen unter die Erde kommen.

Gewaschen wird in Japan mit Maschinen, die es schaffen, Träger von Tops abzureißen, wenn man keine Kleidersäckchen benutzt. Das Wasser ist kalt, wer warm waschen möchte, muss einen Warmwasserschlauch in die Maschine hängen. Das übliche Waschmittel ist auch sehr anders, wehe man benutzt es für die Warmwäsche. Da passiert es, dass die komplette Maschine zuschäumt und der Schaum aus allen Poren der Maschine dringt, was dann schnell zum Komplettausfall führt. Viele Expatriates in Japan können hier schöne Geschichten ihrer fast vor Schaum geplatzten Waschmaschinen erzählen. Natürlich gibt es auch ausländische Waschmaschinen zu kaufen, aber die japanische Hausfrau schwört in aller Regel auf die japanische Art zu waschen. Die Maschinen sind wesentlich billiger als ausländische Modelle und die Kochwäschetradition ist ohnehin wahrscheinlich eine sehr deutsche.

Auf der anderen Seite sind Japaner total begeistert von neuester fortschrittlicher Technik wie Roboter und haben im Gegensatz zu Deutschen keinerlei Berührungsängste. Als im Juni 2015 der Roboter Pepper, in einer sehr menschlich anmutenden Gestalt für rund 1500,- € für Privatkunden angeboten wurde, waren die verfügbaren 1000 Stück in einer Minute verkauft. Pepper kann menschliche Emotionen lesen, erkennt Gesichter und kann die Stimmung des Gegenübers erkennen. Wenn man schlechte Laune hat, schlägt er beispielsweise vor, Musik zu hören.

Auch an anderen Orten gibt es Roboterhilfe: Am Flughafen *Haneda* sollen beispielsweise drei Roboter selbstständig Gepäck transportieren, sie sind in der Lage, Aufzüge zu bedienen und somit Etagen zu wechseln. Ein weiteres Projekt sieht vor, einige Mitarbeiter bei schweren körperlichen Arbeiten durch Exoskelette zu unterstützen. Restaurants und Hotels, die mit humanoiden Robotern ausgestattet sind, gibt es schon eine Weile und Japaner haben hiervor keine Angst.

Cool
- Beheizte Toilettensitze sind klasse.
- Keine Angst vor neuer Technik.
- Deutsche Umweltschützer plädieren ebenfalls für das Kaltwaschen.
- Robotik mit Forschergeist, ohne übertriebene Angst.

Uncool
- Es ist leider wenig cool, im Winter im Haus zu frieren.
- Wenn das erste Shirt mit abgerissenem Träger aus der Waschmaschine kommt.
- Es gibt auch viel Low-Tech im High-Tech-Land Japan.

Festwagen beim Matsuri mit gefährlicher Nähe zu den Überlandleitungen, die von Helfern mit Stöcken hochgehalten werden müssen.

Straßenverkehr

Auto fahren in Japan ist kein wirklicher Spaß: Auf Autobahnen gilt die Höchstgeschwindigkeit 80 oder 100 km/h, oft natürlich auch weniger und auf vielen Landstraßen darf man nur 40-60 km/h fahren. Das ergibt auf kleinen Sträßchen inmitten von Reisfeldern Sinn, gilt aber oft auch auf komfortabel ausgebauten Landstraßen. Natürlich hält sich keiner dran. Vor nicht allzu langer Zeit gab es all dieser Tempolimits zum Trotz eine Massenkarambolage auf einer Autobahn im Südwesten nach einem Rennen mit einem Duzend Luxuswagen, darunter acht Ferraris. Youtube: „Multiple luxury car pileup on highway", von Nizam Ali. Solche illegalen Autorennen sind in diesem Land der Tuningprofis an der Tagesordnung.

Auch sehr gut japanisch sprechende Ausländer leiden unter plötzlich auftretender Sprachamnesie, wenn sie nach einer Geschwindigkeitsübertretung von der Polizei angehalten werden, in der Hoffnung, auf peinlich berührte Polizisten zu treffen, die die Sache dann freundlich lächelnd auf sich beruhen lassen. Leider funktioniert das immer seltener.

Aber um all dies überhaupt erleben zu können, haben die japanischen Gesetze für die Bürger vieler Nationen, z.b. Amerikaner, Brasilianer, Chinesen die Hürde eines Führerscheinerwerbs gesetzt. Deutsche waren bis vor einigen Jahren auch davon betroffen. Diese Prüfungen führen auch bei sehr erfahrenen Fahrern zum mehrfachen Nichtbestehen, Tränen, Verzweiflung und in der Folge zu der einen oder anderen Rückkehr von Ausgewanderten.

Heute hat Deutschland mit Japan ein Abkommen, das die jeweils anderen Führerscheine anerkennt, es gibt deshalb nur ein paar ganz kleine Hürden zu überwinden: Nachdem man den Führerschein von einer festgelegten Behörde hat übersetzen lassen, sollte man einen Tag Urlaub nehmen, denn man muss zu einem ganz bestimmten Amt reisen, das sich auf wundersame Weise immer mindestens eine halbe Tagesreise vom Wohnort entfernt befindet. Dort muss man viele verschiedene Stationen durchlaufen, die jedes Mal obligatorischen Passfotos machen, Gebühren entrichten, rund eine Stunde lang drastische Unfallvideos zur Abschreckung über sich ergehen lassen, einen Sehtest machen und erhält dann seinen Führerschein. Wer jetzt denkt, dass er es geschafft hat, hat leider falsch gedacht. In schöner, drei- bis fünfjähriger Regelmäßigkeit muss diese Prozedur wiederholt werden.

Wenn man all dies erfolgreich hinter sich gebracht hat, sollte man sich sehr genau überlegen, ob man in Japan wirklich ein Auto besitzen möchte: Um ein Auto anmelden zu können, muss man einen Parkplatz nachweisen können. Dieser kostet in den Ballungsgebieten gerne mal zwischen 300 - 500 Euro im Monat. Nur die *Keijidoosha* (Kleinwagen) mit gelber Nummer benötigen keinen Parkplatznachweis. Das schöne Gefährt muss alle zwei Jahre zum japanischen *Shaken* (TÜV), der zwischen eintausend und zweitausend Euro kostet. Dazu kommen die Gebühren der Autobahnen, pro Kilometer rund 18 Cent. Da kommt es schnell vor, dass einem Rückkehrer die europäischen Autobahngebühren verschwindend gering vorkommen.

Ein Auto zu kaufen und vor allem wieder zu verkaufen folgt in Japan ebenfalls ganz eigenen Regeln. Japaner mögen keine Gebrauchtwagen. Sie sind nicht bereit, viel Geld dafür auszugeben und wenn es doch sein muss, dann möchten sie, dass alle Teile, die der Vorbesitzer angefasst hat, ausgetauscht werden. Mein kleiner Mazda war dann bei der Rückkehr nach Deutschland auch fast unverkäuflich. Nur mit hartem Verhandlungsgeschick meinerseits und dem nötigen japanischen Vokabular schaffte ich es überhaupt, den Wagen zu verkaufen. Er war acht Jahre alt, hatte sehr wenig Kilometer und war dem Autohaus nur noch rund 1400 Euro wert. In Deutschland kostet ein vergleichbares Auto heute etwa 9000 Euro. Als kleine Zugabe konnte ich immerhin aushandeln, dass der Käufer mich nach Hause fuhr, worauf ich sehr stolz war.

Wenn man einen Mietwagen ausleiht, ist dieser in aller Regel mit einem Gerät ausgestattet, das den Fahrer ständig darauf hinweist, dass es auf der gerade benutzten Straße immer wieder Unfälle gibt. Sicher eine gute Idee, aber wenn man es in einer Stunde Fahrt gefühlt fünfzigmal hört, stellt sich ein gewisser Abnutzungseffekt ein.

Bei einer Urlaubsreise nach Japan fuhren wir mit unserem Mietwagen versehentlich in die falsche Spur beim Bezahlen der Autobahnmaut. Die Schranke blieb geschlossen und schnell bildete sich eine lange Schlange ungeduldiger Autofahrer hinter uns. Sofort kam ein Angestellter gelaufen, ließ uns durch und entschuldigte sich vielmals bei uns! Wir hatten schließlich den Fehler gemacht, aber natürlich waren wir sehr froh über die freundliche Reaktion.

Der unerschrockene Ausländer, der sich tatsächlich dazu entschließt, den Führerschein zu machen, beispielsweise müssen U.S. Amerikaner in Japan eine Führerscheinprüfung absolvieren, ist zunächst gezwungen, unzählige Fahrstunden in Schrittgeschwindigkeit auf einem Übungsplatz zu absolvieren. Dann folgt die erste Prüfung. Wer diese tatsächlich bestanden hat, darf auf die Straße. Nun stehen weitere zahlreiche Fahrstunden an, bis zur zweiten Prüfung ist es ein harter und steiniger Weg. Bei der Prüfung durchzufallen ist normal, denn neben dem zentimetergenauen Anhalten vor Stoppschildern gehören auch ein seriöses Outfit und Dinge wie das punktgenaue Abchecken der Karosserie vor dem Einsteigen mit den korrekten Bewegungen. Ein winziger Fehler, ein paar Zentimeter zu viel oder zu wenig und die Prüfung muss zum X-ten mal wiederholt werden. Es gibt einen sehr schönen Dokumentarfilm, der die Problematik des Führerscheinerwerbs von Ausländern in Japan, Indien und Deutschland zeigt: „You drive me crazy". Den armen Amerikaner, der es in Japan versucht, möchte man am liebsten mal tröstend in den Arm nehmen, aber die Koreanerin in Deutschland hat auch nicht viel zu lachen. Einzig die deutsche Fahrschülerin in Indien raubt ihrerseits den Fahrlehrern den letzten Nerv.

Manchmal wundert man sich, dass sich überhaupt Autofahrer auf Japans Straßen bewegen, die sich trotz all dieser Verängstigungsstrategien doch mitunter recht aggressiv benehmen: Ganz besonders in Acht nehmen muss man sich vor den LKW-Fahrern. Diese meinen, die wahren Herrscher über Japans Straßen zu sein. Wer sich auf einer dreispurigen Autobahn auf der mittleren Spur hält und dort mit ohnehin schon überschallverdächtigen 120 km/h kurz an die schrecklichen Unfallvideos bei der Führerscheinbehörde denkt, wundert sich über die rechts und links vorbeirauschenden LKW, deren verärgerte Fahrer schon mal eine Getränkedose auf den störenden PKW werfen. Es ist eben wie überall auf der Welt: Aus der schützenden Blechkiste heraus lässt es sich richtig schön ungeniert danebenbenehmen.

Spätestens, wenn man aber die nächste Autobahnraststätte ansteuert, eine der kostenlosen unzähligen, top-sauberen Toiletten aufsucht, hat man den ungehobelten LKW-Fahrer wieder vergessen. Außerdem gibt es noch eine Besonderheit auf den japanischen Autobahnen, seit über zwanzig Jahren!: Man kann im Autoradio eine Frequenz anwählen, die überall am Rand der Autobahn angezeigt wird und es wird dem Fahrer in Endlosschleife mitgeteilt, wo sich welche Art Stau gebildet hat, mit minutengenauer Angabe des zusätzlichen Zeitverlustes auf dieser Strecke. Dies macht zwar die unzähligen Staus auf den japanischen Autobahnen nicht schöner, aber besser planbar.

Ach, und noch eins: Ampeln sind in Japan nicht rot, gelb, grün, sondern rot, gelb, blau, gerne mal horizontal von rechts nach links angeordnet.

Cool
- Wenn man endlich die speziellen japanischen Verkehrsschilder versteht.
- Entlegene Gebiete, z.B. den Nordosten, mit dem eigenen Auto erkunden.
- Mit der Autofähre auf die Insel *Hokkaido im* Nordosten oder auf die Insel *Kyuushuu* im Südwesten übersetzen.

Uncool
- Die enorm hohen Kosten.
- Die Geschwindigkeitsbeschränkungen.
- Sehr hohe Parkplatzgebühren. Bei den grellen Werbeschildern, auf denen 100 Yen steht, kann es sich um 5 Minuten für umgerechnet 70-80 Cent handeln.

Die Nachbarn nannten unser Haus das „Haus mit dem roten Auto"

Lärm

Zugegeben, wir Deutsche sind wahrscheinlich das lärmempfindlichste Volk der Welt mit vermutlich den meisten Gesetzen gegen Lärm, aber was in Japan auf einen einlärmt, ist wirklich nicht von schlechten Eltern.

Sicher haben sehr viele Menschen letzte Nacht von einer praktischen Bambusstange zum Wäschetrocknen geträumt. Warum sonst sollte am Sonntagmorgen vor acht Uhr in unfassbarer Häufigkeit ein kleiner Lieferwagen mit einem überdimensionierten Lautsprecher auf dem Dach durch die winzigen Wohnstraßen schleichen, mit großer Geduld in jede noch so kleine Einfahrt hineinfahren und dabei mit ohrenbetäubendem Krach seine Stangen anbieten? Wie viele Trockenstangen braucht der Mensch in einem Leben? Es müssen unzählige sein, wenn man an der Frequenz des Vorbeifahrens etwas ableiten möchte. Dies trieb mich als genervte Ausländerin irgendwann dazu, zu diesem Auto zu gehen, an die Scheibe zu klopfen und den Fahrer zu fragen, ob er ein Problem mit den Ohren habe. Dieser stellte den Lautsprecher leiser, und sagte ohne den allergeringsten Anflug von Ironie „Nein, warum?" und drehte den Lautsprecher wieder auf volle Lautstärke.

Bahngleise gibt es überall und natürlich sind Züge laut, was das Ganze aber schwer zu ertragen macht, sind die Bahnübergänge, die bei jedem Zug minutenlang durchdringend eine Glocke läuten und da praktisch unentwegt ein Zug kommt, bimmelt es auch unentwegt.

Endlich im Zug steht man fast immer unter einem Lautsprecher, der vor allem an der Startstation minutenlange Durchsagen macht zu den Haltebahnhöfen, den Umsteigemöglichkeiten, der Endstation, um das Ausschalten des Handys bittet und an sonstige Verhaltensregeln erinnert. Eine gute Information für den, der hier noch nie gefahren ist, aber um einen herum stehen Pendler, die diese Strecke sicher im Schlaf kennen. An jedem Halt erhält man Durchsagen zum Bahnhof, auf welcher Seite die Türen öffnen, zum Abstand zwischen Zug und Gleis, zu den Umsteigelinien und dass man doch bitte seine persönlichen Dinge nicht liegen lassen soll. Wenn es regnet, wird diese freundliche Aufforderung auf die Schirme erweitert. Das ist natürlich alles sehr, sehr nett gemeint, wenn man aber seit zwanzig Stationen im Zug sitzt und diese Durchsagen zwanzigmal gehört hat, vergisst man mit Sicherheit seinen Schirm.

Ganz besonders laut sind die Zeiten vor und nach politischen Wahlen und gefühlt wird dauernd gewählt. Vor der Wahl fahren die kleinen Busse durch die Straßen und bitten per Lautsprecher um die Wählergunst. Damit aber leider nicht genug: Nach der Wahl fahren Parteimitglieder erneut durch die Straßen, winken mit weißen Handschuhen aus den kleinen Autos und bedanken sich mit ohrenbetäubenden Dankesreden. Youtube: „Wahl Fahrzeuge in Japan" von „Ampelfreund".

Aus Fahrzeugen wird im Allgemeinen häufig gelärmt. Vor einigen Jahren haben findige Werbetreibende herausgefunden, wie man die Staus in Tokios angesagten Vierteln verlängern kann und dann die Gunst der Stunde nutzt: Wer ein neues Album veröffentlicht, lässt riesige Trucks bedrucken und beschallt dann im mitverursachten Stau die Passanten mit den neusten Infos zur Band.

Wenn man allerdings sein Gehör mal richtig auf die Probe stellen will, dann sollte man eine *Pachinko*halle aufsuchen. *Pachinko* ist ein Glücksspiel, bei dem man in einer Art Flipper so viele Metallkugeln wie möglich erbeuten möchte. Dies scheint nur unter ohrenbetäubendem Krach und in einer völlig zugequalmten Halle zu funktionieren. (siehe Kapitel „Wetten")

Auch die japanische Natur hat ein paar Krachmacher am Start: Im Sommer lärmen die Zikaden und sind noch in einem Kilometer Abstand zu hören und die Krähen, die sich ganzjährig überall in der Stadt ab dem ersten Morgengrauen auf alles, was nach Nahrung aussieht stürzen, sind ein überall gut hörbarer Wegbegleiter der Frühaufsteher.

Allerdings stellt man irgendwann fest, dass man all diesen Lärm ziemlich gut ausblenden kann und ist dann doch sehr froh, wenn man weiß, auf welcher Seite in einem überfüllten Zug die Türen öffnen.

Cool
- Man kann im Zug vor sich hinschlummern und trotzdem die richtige Station erwischen.
- Man erhält oft wichtige Informationen.
- Wenn der Ausländer anfängt, die Durchsagen zu verstehen.

Uncool
- Ein Entrinnen vor dem Lärm gibt es nicht.

Herr Takahashi bittet um Wählerstimmen.

Das Beste aus aller Welt

Unsere japanischen Freunde wollten uns am Wochenende eine besondere Freude bereiten und machten einen Ausflug mit uns. Wohin war uns zunächst nicht ganz klar, aber endlich angekommen, staunten wir nicht schlecht über das vor uns liegende deutsche Dorf in der Präfektur *Gunma*: Brezeln, Schweinshaxe, Bier, deutsches Fachwerk, Kopfsteinpflaster, Schafe und Schäferhunde.

Wenn einem beispielsweise als Deutschen, Holländer, Franzosen, Spanier das Heimweh plagt, dann kann ihm in Japan schnell abgeholfen werden: Es gibt überall schicke Themenparks. Wie wäre es z.b. mit dem deutschen Themenpark auf *Miyakojima*? Auf der Gerhard-Schröder-Straße reist man an und kann dann Teile der Berliner Mauer besichtigen oder die originalgetreue Nachbildung der am Mittelrhein gelegenen Marksburg. In der Kapelle werden christlich angehauchte Hochzeiten für Japaner angeboten, natürlich ganz in Weiß. Es gibt die „Kronenberg German Town" in der Präfektur *Gunma*, das „Tokyo German Village" in *Chiba* und im Huis Ten Bosch Park in *Nagasaki* läßt sich vor allem holländische Atmosphäre erahnen. Im Tobu World Square ist, wie der Name schon verheißt, die ganze Welt zu sehen: Der Petersplatz, das Kolosseum, die Akropolis, die Gärten von Versailles, die Pyramiden, die Sphinx, das weiße Haus... Alles im Maßstab 1:26 und schön fußläufig.

Entstanden sind diese Freizeitparks als Publikumsattraktionen in meist strukturschwachen Gebieten. Viele mussten mangels Besucher leider wieder schließen, auch wenn sie sehr aufwändig gestaltet waren und mit vielen Attraktionen lockten.

Ein Wahrzeichen der Stadt Tokio, der *Tokyo Tower*, ist eine 1958 entstandene Kopie des Pariser Eifelturms, aber natürlich ein bisschen besser, er ist nämlich höher und wesentlich leichter.

Ein wenig weite Welt gibt es auch in *Odaiba*, einem beliebten Ausflugsziel mit kleinem Strand mitten in Tokio: eine Einkaufsmeile im Stile Venedigs, eine Nachbildung der Freiheitsstatue und die Rainbow Bridge, deren Ähnlichkeit mit der Golden Gate Bridge in San Francisco nicht von der Hand zu weisen ist.

Natürlich könnte man auch ins Ausland reisen, um sich die Besonderheiten der verschiedenen Länder im Original an Ort und Stelle anzuschauen, aber viele Japaner bleiben lieber zu Hause. Wenn sie dem Drang in die Ferne dann doch nicht widerstehen können, führt dies zu rund zwanzig Millionen Auslandsreisen im Jahr. Leider gibt es in diesem Fall bald Enttäuschungen: Unpünktliche Züge, schmerzhaft direkte Menschen, ungewohntes Essen, Hundekot auf den Gehsteigen, unbekannte Sprachen, unsichere Gegenden. Manche dieser Kulturschocks haben sogar eigene Krankheiten kreiert: *Pari - Shookoogun* (Paris Syndrom). Dieser Begriff bezeichnet die Diskrepanz der Erwartungshaltung der japanischen Touristen und die Realität in Paris. Etwa eine Million Japaner reisen pro Jahr nach Paris und sie haben eine höchst romantische Vorstellung von der Stadt. Paris ist für die Japaner der Inbegriff von edler Küche, in Haute Couture gekleideten Flaneuren, charmanten Menschen, gepflegter Kultur. Wenn sie dann mit gestressten Großstädtern in Jeans und unfreundlichen Kellnern konfrontiert werden, sehen sie ihre rosarote Pariser Seifenblase zerplatzen und werden in manchen Fällen depressiv.

Japaner sind sehr stolz auf ihre Kultur und den Erfolg ihres Landes, aber auf der anderen Seite haben sie keine Hemmungen, vieles aus anderen Kulturen nachzuahmen, was cool erscheint: Valentinstag, Halloween, Weihnachten. Allerdings alles an die eigenen Bedürfnisse angepasst. So ist der Valentinstag nicht einfach ein Tag, an dem sich Verliebte beschenken, sondern vor allem Kollegen und Vorgesetzte erhalten von den Frauen Schokolade. Die Kaufhäuser richten im Vorfeld eigens für diesen Zweck halbe Stockwerke mit unzähligen Schokoladenvariationen in jeder Preislage ein. Gewisse Karrierehintergedanken spielen offensichtlich auch eine Rolle. Als Revanche für den Valentinstag wurde, natürlich von einem japanischen Konditor 1977 in *Fukuoka* der White Day geschaffen. Nun müssen die Männer zurückschenken. Wehe, eine Schenkende des Valentinstages wird nun ignoriert.

In den achtziger Jahren gab es sehr häufig die Klage, dass auch die japanische Industrie vieles aus dem Westen übernimmt oder sogar einfach kopiert. Mit diesem Thema haben wir sehr früh Erfahrung gemacht: Während unseres fünfwöchigen Intensivkurses Japanisch in Deutschland bat ich die Japanischlehrerin, mir doch noch einmal die wichtigsten Regeln der Partikel, eine Art von Präpositionen in der japanischen Sprache, zu erklären. Als Antwort griff sie in ihre Tasche, holte ein eng beschriebenes Papier heraus, auf dem sich dutzende Beispielsätze mit Textlücken befanden und sagte: „Wenn Sie dieses Blatt ausgefüllt haben, wissen Sie, wie es funktioniert." Natürlich war ich überrascht und verlangte frustriert nach Erklärungen. Obwohl die Lehrerin bereits seit über 10 Jahren in Deutschland lebte und deutschen Schülern Japanisch beibrachte, bedeutete für sie Lernen immer noch Wissensübertragung durch Nachahmung und Üben.

Während wir im Kalligrafiekurs ungeduldig viele verschiedene Zeichen üben möchten, lässt uns der *Sensei* (Meister) immer und immer wieder das selbe Zeichen so lange malen, bis es aus seiner Sicht halbwegs in Ordnung ist. Er macht es vor, die Schüler folgen und durch leichte individuelle Züge modernisiert sich alles von selbst. Ist das nun

Kopieren oder Weiterentwickeln? Darüber lässt sich trefflich philosophieren oder streiten.

Cool

- Es gibt Momente, in denen man sich über etwas Heimat in der Fremde freut.
- Schokolade für alle am Valentinstag oder White Day.
- Unerwartete vorweihnachtliche Stimmung ist doch ein schönes Gefühl, auch wenn der Weihnachtsbaum blinkt oder blau leuchtet.

Uncool

- Wenn wir immer an allem herumkritteln, was vielleicht nicht so richtig originalgetreu ins Bild passt.
- Seltsam ist es schon, wenn japanische Freunde den Fremden etwas Gutes tun möchten und mit ihnen Schweinshaxen essen gehen.

Ausstellung in einem deutschen Dorf in Japan.

Ausländer

Im Zug in Tokio nach einem langen Arbeitstag, es ist brechend voll und sehr warm, an jedem Haltegriff hängt jemand kurz vorm Einschlafen und plötzlich wird der Platz vor Ihnen frei. Erleichtert lassen Sie sich darauf fallen und an der nächsten Station steigt sogar der Nebensitzer aus. Jetzt passiert mitunter das Seltsame: Der Platz neben dem Ausländer bleibt frei. Erst beruhigt man sich mit dem Gedanken, dass es doch klasse ist, ein bisschen Raum zu haben, aber irgendwann stellt sich ein seltsames Gefühl ein. Man fragt sich, ob man einen noch nicht bemerkten Hautausschlag hat, ob man seltsam riecht oder was sonst der Grund sein könnte. Schwer zu beantworten! Jeder Japaner, den man fragt, hat eine andere Erklärung dafür.

Der Ausländer steht mitten in Tokio, in der Minute strömen Dutzende Menschen vorbei und in dem Moment, in dem er den Stadtplan in die Hand nimmt, bleibt sofort jemand stehen, fragt wohin er möchte und lässt es sich nicht nehmen, den Fremden eine Ewigkeit zu begleiten, noch mal nachzufragen oder telefonisch die Adresse zu klären.

Ausländischen Kindern im japanischen Kindergarten wird am Anfang eine eigene Kindergärtnerin zugeteilt, die sich sehr intensiv kümmert und das Kind schnell integriert.

Mein Bruder, der etwa zehn Worte Japanisch spricht, machte mit seiner Frau eine Rundreise durch Japan. Mitten auf dem Land kam er in einem Restaurant mit Händen und Füßen mit dem Wirt und seiner Frau, die kaum Englisch konnten, ins Gespräch. Da er gerne den netten Abend im Foto festhalten wollte, aber alle Geräte im Hotel gelassen hatte, brachte ihn der Wirt in seinem Auto schnell dorthin.

Japaner sind den Umgang mit Fremden nicht wirklich gewohnt und auch wenn man bei einem Kurztrip nach Tokio einen anderen Eindruck hat, es gibt kaum Ausländer in Japan. Offiziell sind es unter 2% wobei der Großteil Chinesen und Koreaner sind, deren Vorfahren schon lange in Japan leben.

Bei einem Besuch an der japanischen Küste saßen wir in einem ausgezeichneten *Sushi*restaurant an der Theke und plauderten mit dem Koch. Es war ein sehr netter Abend und irgendwann fragten wir, ob denn häufig Ausländer dieses Lokal besuchen. Die Antwort, mit der wir nicht gerechnet hatten, war: Ihr seid die ersten!

Es gibt beides dicht nebeneinander: Ein großes Interesse, Offenheit und Freundlichkeit gegenüber Ausländern, aber auch ein ziemlich großes Misstrauen. Japan war 250 Jahre lang total von der Welt abgeschnitten und auch innerhalb des Landes war das Reisen verboten. Deshalb halten sich Japaner auch fremden Landsleuten gegenüber sehr zurück und selbst Nachbarn wechseln in den größeren Städten kaum mehr Worte miteinander als „Guten Tag".

Wenn man in Kontakt treten möchte, muss man auf die Menschen zugehen. Bei den Nachbarn vorstellen, mal eine Party geben, oder einfach nach Hilfe fragen und sofort öffnen sich die Herzen der allermeisten Japaner. Möchte man zu einer Gruppe dazugehören, muss einem aber klar sein, dass dies nur ganz oder gar nicht geht.

Eine deutsche Freundin von mir wollte in Japan Kendo lernen. Sie fand einen Lehrer, der bereit war, sie zu trainieren, aber seine Bedingung war: Das Training findet an jedem Tag statt, ohne Ausnahme, auch das Fehlen wegen Krankheit stand für ihn nicht zur Debatte.

Wenn man ständig auf Diskriminierung lauert und sich selbst über freundlich gemeinte Smalltalkversuche wie „Sie können aber gut mit Stäbchen umgehen" ärgert, dann wird man in Japan nicht glücklich werden. Auch die Aussage vieler Fremder, sie würden nur als Quotenausländer zu Veranstaltungen eingeladen, ist wenig hilfreich für ein besseres gemeinsames Verständnis.

Ein Deutscher sagte in Tokio zu mir: „In Japan gibt es Ausländerdiskriminierung und es gibt sie auch nicht." Eine interessante Aussage, die wahrscheinlich auf alle Länder zutrifft.

Wir Deutsche sind übrigens sehr beliebt in Japan. Das hat verschiedene Gründe: Sehr viele Japaner lernen während ihrer Ausbildung ein bisschen Deutsch und kennen viele deutsche klassische Komponisten. Bei einer Straßenumfrage eines deutschen Fernsehsenders in Tokio erkannten alle Passanten jeglichen Alters ein Bild von Ludwig van Beethoven. Ebenfalls beliebt sind deutsche Literatur, Schlösser, Baumkuchen, deutscher Wein, deutsches Bier, Wurst, Gummibärchen, Milka-Schokolade und gefühlt jedes mal, wenn ich Jetlag geplagt nachts in Tokio den Fernseher anschalte, läuft Wolfgang Petersens „Das Boot". Manchmal kann es aber auch zu für uns etwas erschreckenden Beifallsbekundungen kommen, meist von älteren Japanern. Mir ist es mehrmals passiert, dass auf die unvermeidliche Frage „Woher kommen Sie" und meine Antwort, dass ich aus Deutschland komme, die nächste begeisterte Aussage war: „Ah Deutschland, toll, wir waren doch Partner im zweiten Weltkrieg!". Dies ist durchaus freundlich gemeint, auch wenn uns dabei kurz der Atem stockt. Mein Rat ist: Machen Sie es wie die drei Affen von *Nikko*: Nichts Böses hören, nichts Böses sehen, nichts Böses sagen.

Cool
- Sehr viele Japaner sind superfreundlich und sehr bemüht, Ausländern zu helfen.
- Großes und ehrliches Interesse an anderen Sprachen und Kulturen.
- Die Behörden und Stadtverwaltungen bieten zahlreiche Kurse und sehr viel Unterstützung für ausländische Bürger.
- Es gibt heute sehr viele Familien im ganzen Land, die auch für Touristen Homestay anbieten.

Uncool
- Manchmal fehlt das nötige Fingerspitzengefühl im Umgang mit Ausländern, vor allem unter Alkoholeinfluss.
- Die geschichtlichen Vergleiche sind für uns Deutsche schwer auszuhalten.

Mittendrin und dennoch ein bisschen außen vor.

Salaryman

„Wie macht ihr das in Deutschland? Ihr habt immer Urlaub oder Feierabend und trotzdem seid ihr erfolgreich." fragte mich mal ein japanischer *Salaryman* ziemlich frustriert. Zeiteffizenz hätte am Beginn einer Diskussion stehen können, aber wie soll das funktionieren, wenn man höchstens einmal in der Woche vor dem Chef nach Hause gehen darf, ohne dadurch als unzuverlässiger Außenseiter der Gruppe zu gelten? Es ist egal, ob man noch wichtige Dinge zu erledigen hat oder nicht, man entfernt sich nicht frühzeitig von seiner Gruppe.

Salaryman ist eine japanische Wortschöpfung, gemeint ist ein Büroangestellter. Wer sich ein Bild machen möchte, dem sei das Youtube video „A week in the life of a tokyo salaryman" von „Stu in Tokyo" empfohlen. Der Brite Stu zeigt hier in rund drei Minuten seine Arbeitswoche bei einem britischen Finanzdienstleister in Tokio auf. Das Video hat über eine Million Klicks, wahrscheinlich mit einem leisen Schauer der Betrachter beim Anschauen und mit einer gewissen Dankbarkeit, dass Angestellte in den westlichen Industrienationen normalerweise keinem solchen Arbeitsstress ausgesetzt sind.

Man begegnet ihnen immer und überall in Tokio: Hundertschaften von Männern in ihrer Geschäftsuniform: Dunkler Anzug, weißes Hemd, gedeckte Krawatte, schwarze Slipper. Das weibliche Pendant, *office lady*, gibt es auch. Sie hasten zu allen Tageszeiten, vornehmlich zur Rushhour durch die Stadt, lassen sich in Züge pressen, nehmen täglich stundenlange Pendelstrecken in Kauf. Wenn der Zug Verspätung hat, erhalten sie zum Beweis ihrer eigenen Zuverlässigkeit eine Bestätigung über die Unpünktlichkeit des Verkehrsmittels, die sie im Büro vorzeigen. Mit dem Auto zum Büro zu fahren, ist in den Ballungsgebieten bei den meisten Firmen verboten, da es nur sehr wenige Parkplätze gibt und man sein Auto nicht einfach irgendwo abstellen darf. Sie arbeiten bis zu 13 Stunden am Tag, bei durchschnittlichen 6 Stunden Schlaf in der Nacht, das Wochenende benötigen sie zum Ausruhen und Schlafen. Im Ausland haben sie auch durch *karooshi* (Tod durch Überarbeiten) eine traurige Berühmtheit erlangt. Die Firma kommt immer zuerst.

Ein Teilnehmer einer meiner Workshops äußerte bei der Selbstbetrachtung der japanischen Arbeitskultur „Seine Pflicht zu erfüllen, ist für Japaner ein Wert."

Frei gewählt ist diese Aufopferung natürlich nicht, die gesellschaftlichen Zwänge sind aber einfach zu groß, um sich zu entziehen. Es geht zum einen darum, den Chef glücklich zu machen und sich in der Gruppe zu etablieren, aber auch darum, durch Überstunden genug

Geld zu verdienen, um der Familie ein Häuschen außerhalb zu garantieren und die Schulbildung der Kinder zu finanzieren.

Auf dem Nachhauseweg kehren ältere, verheiratete *Salaryman* gerne noch in ihrer Stammkneipe ein. Dort schütten sie der hinter dem Tresen stehenden älteren Besitzerin der kleinen Bar, die meist liebevoll *Mama-san* (Frau Mama) genannt wird, ihr Herz aus und trinken etwas Whisky oder Sake aus der eigenen Flasche, wie in einer Familie. Hier fühlen sich die japanischen Männer, von denen böse Zungen sagen, dass sie niemals erwachsen werden und ihr Leben lang Muttersöhne bleiben, geborgen und verstanden.

Japanische Ehefrauen reagieren nervös und besorgt, wenn ihre Männer zu früh von der Arbeit nachhause kommen und machen sich Sorgen, was die Nachbarn denken könnten. Im typischen Haushalt eines *Salaryman* kümmert sich die Ehefrau um die finanziellen Belange der Familie. Sie verwaltet das Geld und teilt ihrem Mann ein Taschengeld zu. Falls mal am Abend in etwas angeheiterter Atmosphäre ein Japaner zu Ihnen sagt: „Bei euch Ausländern haben ja die Frauen heutzutage die Hosen an. Sie bestimmen alles und wenn ihr mal zu spät nach Hause kommt, müsst ihr gleich anrufen" könnte ein guter Konter sein: „Das stimmt, aber wie viel Taschengeld bekommen Sie in der Woche von Ihrer Frau?"

Japaner, die im Ausland gelebt und gearbeitet haben, stellen schnell fest, dass es sehr angenehm ist, auch mal Zeit für sich, seine Hobbys und die Familie zu haben und vielen fällt es sehr schwer, sich wieder ins japanische System zu integrieren.

Am Morgen wird in etwas traditionell eingestellten japanischen Firmen gemeinsam rund 10 Minuten lang Morgengymnastik gemacht. Diese dient dazu, die Gruppe auf den Tag einzustimmen, ein Gemeinschaftsgefühl herzustellen und natürlich auch der körperlichen Ertüchtigung. Deutsche Mitarbeiter sind hiervon manchmal etwas befremdet und bezeichnen die Gymnastik als „lästiges Gezappel".

Die Mittagspause nutzen viele *Salaryman* ebenfalls zum Bewegen, nachdem sie schnell ihr *Bentoo* (siehe Kapitel Essen) gegessen haben, joggen sie oder üben das Werfen von Bällen beim Baseball. Zum Duschen fehlt dann zwar meist die Zeit, aber das ist kein Problem für die Atmosphäre im Büro, denn Japaner dünsten extrem selten Schweißgerüche aus. Auf der anderen Seite wird die Mittagspause auch gerne für ein Nickerchen genutzt.

Der *Salaryman* muss sehr auf Äußerlichkeiten achten, dazu gehört natürlich auch die korrekte Kleidung. Seit einigen Jahren gibt es einen neuen Trend: Im Sommer die Kampagne „*Cool biz*" und im Winter „*Warm Biz*" (*Biz* steht hier für Business). Dies bedeutet, dass man im Sommer firmenintern die Krawatte weglässt und kurze Hemden trägt und im Winter einen Pullover über das Hemd zieht. Beides hat den Sinn, die Klimaanlagen nicht so stark kühlen und heizen zu lassen und somit Strom zu sparen. Die japanische Textilindustrie freut sich natürlich über diesen Trend und entwickelt viele innovative Stoffe (siehe Kapitel Japanische Erfindungen).

Die im öffentlichen Leben oft gehetzt und wenig glücklich wirkenden *Salaryman* sind abends in den Kneipen meist sehr, sehr heiter und ausgelassen und trotz des oft sehr gewaltigen Alkoholkonsums nie aggressiv.

Cool
- Sich in der Gruppe geborgen zu wissen.
- Die meisten japanischen *Salaryman* empfinden ihre Art zu leben und zu arbeiten nicht als Last.

Uncool
- Individualität wird in den meisten japanischen Firmen nicht gerne gesehen.

Schwere Jungs

Als Ausländer in Tokio wundert man sich irgendwann über junge Männer, die vor den großen Tokioter Bahnhöfen herumstehen und junge Frauen, die alleine unterwegs sind, ansprechen. Sie laufen dann einige Zeit neben diesen Frauen her und reden auf sie ein. Die Strategie der Japanerinnen ist hierbei, einfach so zu tun, als würden sie nichts bemerken und zügig weitergehen. Nie habe ich gesehen, dass eine Frau stehen bleibt und mit dem Anmacher spricht, der versucht, Frauen für sexuelle Dienste zu gewinnen. Denn die Sexindustrie braucht ständig neue Mitarbeiterinnen. Erst einmal werden meist Telefonjobs angeboten, bei Bedarf auch mehr. Dieser und andere Geschäftszweige sind in Japan unter der Kontrolle der *Yakuza* (japanische Mafia, das Wort spielt auf die wertlose Zahlenkombination 8-9-3 in einem Kartenspiel an). Offiziell ist Prostitution in Japan verboten und so finden sich andere Wege.

Auch wenn immer wieder geschrieben wird, dass man als normaler Bürger keinen Kontakt mit der *Yakuza* hat, stimmt das nicht ganz. Ein Teilnehmer eines meiner Seminare berichtete, dass er mit einem deutschen und einem japanischen Kollegen unterwegs war und aus Unachtsamkeit einen älteren Herrn im Anzug an einer Ampel anrempelte. Trotz mehrfacher Entschuldigung wurde dieser sehr aggressiv und auf die Schlichtungsversuche des japanischen Kollegen hin, der erklärte, seine Begleiter seien von einer großen deutschen Firma, verlangte der Fremde lautstark Geld. Die drei Kollegen flüchteten daraufhin in ihr Hotel, wo das Personal die Polizei rief und später erklärte, der Randalierer sei ein Mitglied der *Yakuza*, mit der nicht zu spaßen sei. Sicher eine Ausnahme, aber es gibt doch einige solcher Berichte in der ausländischen Community. Wer sich näher mit dem Thema *Yakuza* beschäftigen möchte: „Tokio Vice" von Jake Adelstein, erschienen 2010 im Riva Verlag.

Bei einer Übernahmeverhandlung einer meiner deutschen Kunden, die ich mitbetreute, saß ein jüngerer Japaner in einem auffälligen Anzug, dem obendrein ein Stück des kleinen Fingers fehlte. Beides deutliche Zeichen für die japanische Mafia, die dieser Unterhändler keinesfalls zu verschleiern versuchte. Heutzutage gibt es Möglichkeiten, den Finger normal aussehen zu lassen und die Kleiderwahl war auch eine deutliche Aussage. Japaner reagieren auf diese Kriminellen, zum Beispiel das Vorbeifahren von riesigen Limousinen mit geschwärzten Scheiben, indem sie diese einfach übersehen und in eine andere Richtung schauen. Die japanische Polizei hat der *Yakuza* den Kampf angesagt, Banken und Firmen werden verstärkt kontrolliert und haben heute Ausschlussklauseln in ihren Verträgen. Es passiert immer wieder, dass man mitten in der Nacht sehr unsanft aus dem Schlaf gerissen wird, weil zahlreiche getunte Motorräder oder Autos mit aufheulenden Motoren und schleifenden Kupplungen unter Vollgas die Wohngebiete terrorisieren. Diese Gruppierungen nennen sich *Boosoozoku* (wörtlich: Brutal laufende Gruppe). Es sind meist sehr junge Leute, die als Kriminelle und Außenseiter gesehen werden, aber mitunter auch einfach als unreife Kinder. Manchmal sind diese Gruppen sehr brutal, auch gegenüber der Polizei. Meist sind sie jünger als 20 Jahre, da sie nach japanischem Recht noch nicht als Erwachsene gelten.

In der Bahn werden die Fahrgäste aufgefordert, Telefongespräche zu unterlassen, um niemanden zu stören, individuell erzeugter Lärm ist verpönt und trotzdem sieht man immer wieder schwarze Busse mit überdimensionalen japanischen Flaggen und nationalistischen Abzeichen. Aus diesen Bussen kommen infernalisch laute Lautsprecherdurchsagen, während sie durch die Straßen fahren oder vor Bahnhöfen parken und ihre Parolen herausschreien. Für diese Aktionen verantwortlich sind *Uyoku* (rechter Flügel, ein Begriff für politisch extrem rechts eingestellte Personen). Politisch sind diese zwar ziemlich einflusslos, aber ihre geschätzt einhunderttausend Aktivisten verstehen trotzdem, sich Gehör zu verschaffen und einzuschüchtern. Der *Yasukunischrein* in Tokio ist auch im Ausland bekannt, da dort die Seelen aller Kriegsopfer verehrt werden, auch die der Kriegsverbrecher. Dieser Schrein ist ein beliebtes Ziel der *Uyoku* und als ich mich nach einem Besuch des dortigen Museums zu einem kritischen Eintrag ins Gästebuch hinreißen ließ, konnte ich nicht umhin, mich beim Rückweg zum Bahnhof immer mal wieder umzudrehen, ob mir jemand folgt.

Als im Jahr 2007 der chinesische Regisseur Li Ying einen Dokumentarfilm über den *Yasukinischrein* in die japanischen Kinos bringen wollte, gelang es den Rechten, die Humax Kinos so zu verunsichern, dass sie die geplanten Aufführungen absagten, offiziell aus Sicherheitsgründen für die Angestellten. Schließlich wurde der Film, der etliche internationale Preise gewann, nur in zehn Kinos gezeigt. Allerdings ließen sich die Besucher nun nicht einschüchtern, standen zwei Stunden lang Schlange und äußerten sich im Anschluss sehr positiv über diese Antikriegsdokumentation.

Auch wenn die hier aufgeführten Gruppierungen jede für sich relativ einflusslos sind, sind sie doch untereinander verknüpft und sie schaffen es durchaus, öffentliche Einrichtungen, Politiker und auch Bürger einzuschüchtern und zu verunsichern.

Cool
- Die ganz große Mehrheit der Japaner lässt sich nicht von diesen Gruppierungen beeinflussen.

Uncool
- Diese Gruppen machen einem zumindest ab und zu Sorgen und wenn man sich in Japan aufhält, hofft man, nie in Berührung mit ihnen zu kommen.
- Manchmal gelingt es der *Yakuza* eine Art Robin-Hood-Image aufzubauen, weil es in früheren Zeiten vereinzelt zu Kooperationen mit Bürgern kam.

Quelle: Wikipedia, hochgeladen von „Marubatsu"
Ein typisches Propagandaauto der Rechten.

„Wer Großes will, muss das Kleine tun" Japanisches Sprichwort
Ohne Gemeinschaft geht nichts.

Wetter

Wie macht man am einfachsten Smalltalk? Natürlich über das Wetter. Japaner lieben es, über das Wetter zu sprechen. Sie sind stolz auf ihre vier Jahreszeiten, die es in vielen anderen asiatischen Ländern nicht gibt und da gibt es auch eine Menge zu erzählen.

Das Frühjahr beginnt ganz zaghaft, den kalten und durchdringenden Wind, der den ganzen Winter blast, zu verdrängen. Nun beginnt die *Sakura Zensen* (Kirschblütenfront) das Land in seinen Bann zu ziehen. Die Medien sind übervoll mit Berichten zum *Hanami* (Blüten betrachten) und Vorhersagen, wann die sehnsüchtig erwarteten Kirschblüten endlich in der eigenen Stadt zu blühen beginnen. Dies alles hängt natürlich in erster Linie vom Wetterverlauf ab.

Wenn die Blüten verblüht und in alle Winde zerstreut sind, setzt das nächste Wetterereignis ein: *Tsuyu* (Regenzeit). Vergessen Sie alles, was Sie an Regen kennen, dies ist anders. Es regnet zwar nicht die ganze Zeit, aber wehe, wenn es richtig beginnt. Da werden die hundert Meter vom Hotel zum Bahnhof zu einer echten Qualitätsprobe für die Schuhe und die Kleidung. Es schüttet so stark, dass das von der Erde zurück prallende Wasser dafür sorgt, dass man denkt, es regne von oben und unten. Alles ist feucht, natürlich auch im Haus.

Leider bleibt dies auch während der nun schlagartig einsetzenden Sommerhitze so. Die Dusche schimmelt, die Schuhe schimmeln, die Kleider in den Schränken schimmeln. Bei all der Hitze lässt sich leider die Sonne kaum blicken, es ist diesig und drückend. Selbst wenn man glaubt, dass man einen warmen Sommer mag, überdenkt man dies noch einmal, wenn man sich nach der morgendlichen Dusche das Abtrocknen sparen kann, da man sofort wieder nass geschwitzt ist. Dann raus aus dem Haus, pitschnass geschwitzt am Bahnhof ankommen, in den eiskalten Zug einsteigen, etwas antrocknen, beim Umsteigen der nächste Schweißausbruch. So geht das den ganzen Tag, von Juni bis September.

Das Ende des Sommers kündigen die nun häufiger werdenden Taifune an. Bei jedem sich ankündigenden Wirbelsturm gibt es rund um die Uhr Informationen über Stärke und voraussichtliche Bewegung. Leider lassen sich Taifune sehr schlecht berechnen und sie sind wirklich gefährlich. Vorsicht ist tatsächlich angebracht, insbesondere in Westjapan (was wir Ausländer gerne als Südjapan bezeichnen) sind die Taifune sehr häufig und stark.

Bei meinem letzten Besuch in Tokio dachte ich, dass zwar ein Ausläufer eines Taifuns angekündigt war, aber Regen und Sturm sahen von meinem Hotelzimmerfester aus nicht dramatisch aus. Ein Cappuccino beim schönsten Starbucks Tokios, an der berühmten Kreuzung in *Shibuya*, sollte doch möglich sein. Schnell fiel mir auf, dass kaum Gäste im Café saßen und die Straßen auch ungewöhnlich leer waren, was plötzlich doch Besorgnis im mir auslöste. Beim Weg zurück ins Hotel büßte ich dann erst einmal durch eine starke Windböe meinen Schirm ein und hatte wirklich Angst, dass mir etwas auf den Kopf fallen könnte. Das war mal wieder „*Gaijinrashii*" (typisch Ausländer): die Warnungen in den Wind schlagen und eigensinnig seinen Kopf durchsetzen.

Nun beginnt der Herbst mit milderen Temperaturen und dem nächsten Großereignis der Natur: *Kooyoo* (die rote Färbung des Herbstlaubs). Vor allem in den Bergen gibt es tolle Naturschauspiele mit leuchtend roten und goldenen Bäumen zu sehen und die Japaner reisen in Scharen an, oft mit gewaltigen Kameraausrüstungen. Die nächsten Wochen bringen das angenehmste Klima des Jahres. Die Sonne scheint und es blühen bis Weihnachten überall die Azaleen, bis die Nähe zu Russland deutlich spürbar wird: Dieser Wind, der von nun an monatelang bläst, muss direkt aus Sibirien kommen. In Tokio schneit es nur selten, meist zwei- bis dreimal im Jahr, was allerdings zum totalen Chaos führt. Verglichen mit den Schneemassen, die im Nordwesten fallen, ist dies natürlich wie ein Hauch Puderzucker. Dort fallen lässig bis zu fünf Metern Schnee und die dort lebenden Menschen kämpfen monatelang gegen die Schneemassen, die drohen, ihre Dächer zum Einsturz zu bringen und die Infrastruktur komplett lahm zu legen. Kalt genug ist es allerdings auch in Tokio, nachts gerne um den Gefrierpunkt, von November bis März. Wenn man Japaner nun etwas irritiert und genervt fragt, warum sich die Häuser kaum heizen lassen, erhält man die Antwort: „Weil Japan ein tropisches Land ist". Darüber könnte man diskutieren.

Cool
- Man hat immer ein Gesprächsthema.
- Es gibt Anlässe zum Feiern und Ausflüge machen.

Uncool
- Man kämpft schon ein bisschen mit den Wetterbedingungen, weil man vor allem in Tokio viel läuft und auf dem Bahnsteig steht.
- Jedes Jahr viele Tote durch Taifune, Schlammlawinen und Schnee.

Ein Tori (schintoistisches Tor) auf der Skipiste.

Automaten

Japanische Automaten sind Wunderwerke der Ingenieurskunst. Bankautomaten, an denen man sowohl Münz- als auch Papiergeld einzahlen kann, gibt es in Japan seit 20 Jahren. Diese Automaten sprechen mit dem Kunden und notfalls gibt es einen hauptamtlichen Kundenbegrüßer an der Tür, der allen Kunden zu mehr Sicherheit verhilft und dem unwissenden Fremden hilft, den Automaten zu bedienen. Natürlich gibt man ihm, ohne zu zögern, seine Geheimnummer preis (zumindest als verzweifelter Ausländer).

Getränkeautomaten gibt es sprichwörtlich überall und sie bieten schön gekühlte Getränke rund um das Jahr und im Winter heiße und kalte Getränke an. Wer den schneidenden Winterwind Tokios kennengelernt hat, weiß, wie dankbar man manchmal für ein kochend heißes Getränk auf dem zugigen Bahnhof ist. Die Automaten sind äußert einfallsreich bestückt: *Pocari Sweat* (Dies ist kein Druckfehler, die isotonische Limonade heißt wirklich so), *Calpis Water* (ein Erfrischungsgetränk auf Milchbasis), Maissuppe, Kartoffelsuppe, Vitamingetränke, Gesundheitsdrinks, Tees, Kaffees. Mineralwasser ist eher selten. In wenigen Automaten gibt es alkoholische Getränke und Zigaretten und da die Gesetze in Japan für die Abgabe dieser Waren an Minderjährige, das heißt unter zwanzig Jahren, sehr streng sind, schalten die Automaten kurzerhand abends ab, wenn man sich im Schutz der Dunkelheit anschleichen könnte. Einige Jahre gab es an zahlreichen Automaten Kameras mit Gesichtserkennung, die versucht haben, anhand der Falten das Alter des Kunden zu ermitteln, aber dieses Projekt war offensichtlich nicht so erfolgreich, so dass man heute eine spezielle Karte benötigt. Neu im Trend sind Öko-Automaten, die nachts kühlen und tagsüber den Strom sparen, oder Notfall-Automaten, die im Katastophenfall ihren Inhalt den Passanten zugänglich machen.
Man hat kein Kleingeld zur Hand? Kein Problem. Fast alle Automaten nehmen auch Scheine ohne zu murren an, ohne dass man diese zuerst in jede erdenkliche Richtung wieder und wieder hineinstecken muss. Falls der Automat tatsächlich mal nur Münzgeld akzeptiert, ist der nächste Geldwechselautomat bestimmt nicht weit. Es ist auch möglich, mit den Geldkarten der Bahn zu zahlen. Der Dosenrücklauf ist in Japan ebenso hoch wie in Deutschland und die Automaten sind oft mit einer Recyclingbox ausgestattet. Youtube: „Der neuste Acure Getränkeautomat" von Ampelfreund.

Fahrkartenautomaten in Japan akzeptieren zum Großteil alle aktuellen Geldscheingrößen und falls man mal ein Problem hat, der Automat vielleicht nicht richtig funktioniert, gibt es eine Klingel, die man drücken kann. Binnen Sekunden öffnet sich zwischen den Automaten ein kleines Guckfenster und ein Bahnangestellter fragt, wie er helfen kann. Man kann sich des verschmitzten Gedankens nicht erwehren, dass all diese Knöpfe vorne nur Fake sind und hinter jeder Maschine jemand lebt. Ich habe diese Art des Kundenservice immer wieder erlebt und ich bin offensichtlich nicht alleine: Auf Youtube gibt es ein Anschauungsvideo „Customer Service in Japan" von John Norse.

Sie geistern immer wieder durch die Medien: Japanische Automaten, in denen man angeblich benutzte Damenunterwäsche kaufen kann. Es gibt eine gewisse Wahrscheinlichkeit, dass diese existieren, aber man müsste doch sehr danach suchen und dies würde wohl mehr über den Suchenden aussagen als über die Möglichkeit an sich. Vermutlich kann man diese Sache aber unter „modern urban legends" abhaken.

Cool
- Japanische Automaten sind praktisch, überall verfügbar und nehmen die verschieden großen Geldscheine.
- Oft gibt es Geldwechselmaschinen.
- Die Heißgetränke im Winter.
- Im Bahnhof steht innerhalb kürzester Zeit ein Servicemitarbeiter zur Verfügung.
- Japanische Automaten sind High-Tech und Trendsetter.

Uncool
- Es gibt selten Mineralwasser und außer Grüntees ist fast alles andere stark gesüßt.
- Bankautomaten, die immer dann geschlossen haben, wenn man sie am Nötigsten braucht, z.B. an Feiertagen.

Automat vor einem Nudelsuppenrestaurant.

Vermeidung von Unsicherheiten

Japaner verabscheuen Unsicherheiten, dieses Bedürfnis verfolgt jeden auf Schritt und Tritt: Ein viel bewundertes Beispiel hierfür ist die Absicherung von Baustellen in großen Städten. Hier wird sicherheitstechnisch nichts dem Zufall überlassen. Gefühlt die Hälfte der anwesenden Arbeiter sorgt dafür, dass kein Passant in die Grube fällt. Es wurde zwar bereits ein voll eingezäunter Gehweg an der Baustelle vorbei eingerichtet, aber es könnte ja jemand den Weg trotzdem nicht finden. Für diesen Zweck gibt es zahlreiche, natürlich mit Leuchtwesten, Sicherheitshelmen und spacigen Leuchtstäben ausgestattete Bauarbeiter, die jedem den richtigen Weg weisen, sehr zur Freude aller vorbei kommenden Ausländer, die solch aufmerksame Behandlung in ihren Ländern nicht kennen. Youtube „In Japan geht Sicherheit vor!" und „In Japan geht Sicherheit vor!2" beide von „Ampelfreund"

Es schneit fünf Flocken, an eine geschlossene Schneedecke ist noch lange nicht zu denken, aber ohne Schneeketten darf niemand auf die völlig schneefreie Autobahn auffahren. Da heißt es, vor den Mautstellen Schneeketten aufziehen, gerne in schickem rosa oder lila, und dann die nächsten hunderte Kilometer auf staubtrockenen Straßen auf den Ketten mit 40km/h entlangrattern. Umsteigen auf den Zug ist auch keine Alternative, denn diese bleiben in vielen Landesteilen, auch in Tokio einfach stehen, wenn es schneit. Die offizielle Begründung ist, dass die Weichen nicht beheizt sind und dies zu gefährlichen Situationen führen könnte. Leider ist es auch bei leichtem Nebel oder stärkerem Wind so, dass die Züge oft einfach auf offener Strecke stehenbleiben.

Sicherheitshinweise gibt es überall: Rolltreppen sind mit gelben Linien ausgestattet, die nicht überschritten werden sollen und am Ende kommt die Durchsage, dass die Rolltreppe zu Ende ist. LKW lassen einen grellen Piepton beim Rückwärtsfahren hören, gerne gepaart mit einer automatischen Lautsprecherdurchsage: „Ich fahre rückwärts", Rettungswagen und Feuerwehrautos vermelden auch Richtungswechsel über Lautsprecher.

Ein Hallenbadbesuch lehrt den Besucher auch das eine oder andere über japanisches Sicherheitsbedürfnis: Da heißt es zunächst mal wegen Verletzungsmöglichkeit Schmuck aus, egal wie winzig der Ohrstecker oder das Halskettchen - weg damit! Das Bad ist in Bahnen aufgeteilt: z.B. eine zum Hinschwimmen, eine zum Rückschwimmen und eine zum Erholen, Überholen unerwünscht. Spätestens nach einer Stunde heißt es dann alle raus aus dem Wasser zur Zwangserholung und zum Abklären, ob niemand beim Hin- und Rück- und Nichtschwimmen verloren gegangen ist und auf dem Beckenboden liegt. Übrigens ist das Becken meist nur rund 1.30 Meter tief, das erleichtert das Erholen und das Kontrollieren und ist natürlich auch schön sicher.

Im absoluten Widerspruch hierzu werden Kinder im Auto recht oft nicht angeschnallt und dürfen schon mal auf dem Schoß des Fahrers mitfahren. Gehsteige gibt es in den engen Straßen auch häufig nicht und man ist gezwungen, auf der Fahrbahn zu laufen, die dann auch noch durch Laternen- und Strommasten und deren Drahtabspannung verengt wird. Die sind schwarz-gelb markiert, um nicht übersehen zu werden.

Das Bedürfnis nach Datensicherheit ist ebenfalls sehr relativ: Deutsche Sicherheitsbedenken beim Datenschutz ist Japanern in der Regel fremd. Nach dem Besuch einer interaktiven Ausstellung in einem Museum, bei dem ich zur Teilnahme meine persönlichen Daten angab, fragte ich, was nun mit meinen Daten passiere. Diese Frage löste bei den Angestellten große Verwirrung und Nichtverstehen aus. In Japan werden die persönlichen Daten der Bürger überall gesammelt, es gibt sehr viele öffentliche Webcams und beim Auffahren auf die Autobahn wird jedes Auto automatisch fotografiert. Navigationssysteme in Taxis beinhalten oft auch die Namen der in den Häusern Wohnenden.

Cool

- Sicherheit ist natürlich eine gute und wichtige Sache, vor allem in einem Land mit sehr vielen Naturkatastrophen.
- Man freut sich über die netten Bauarbeiter, die so besorgt um einen sind.
- Die Leuchtstäbe und blinkenden Warnwesten.

Uncool

- Wenn man nach einem langen Arbeitstag nach Hause möchte, fragt man sich genervt, warum der Zug bei leichtem Nebel stehen bleibt.
- Viele Sicherheitsregeln erschließen sich dem Ausländer nicht wirklich, was zu einer gewissen Renitenz führt, was wiederum die Japaner überhaupt nicht cool finden.
- Das permanente Datensammeln sorgt manchmal für Unbehagen.

Eine sichere Abzäunung beim Platzkonzert.

Praktisches

Es gibt so viele praktische Dinge in Japan, dass man sich oft fragt, warum niemand im Ausland die eine oder andere Idee übernimmt.

Hier ein paar Beispiele, die sich noch beliebig erweitern ließen: Wenn beispielsweise den bekennenden Zuckerjunkie die Lust nach einem leckeren, wunderschön aussehenden, nicht ganz billigen Stück Torte überkommt, das er gerade in einer Auslage sieht, könnte er es lassen, weil heute die Außentemperatur 35 °C beträgt, oder es kaufen.

Im zweiten Fall wird dem Kunden das Stück Torte in eine stabile Pappschachtel gepackt, er wird gefragt, wie lange er unterwegs sein wird, die passende Menge Trockeneis wird beigelegt, die Schachtel in eine rechteckige Plastiktüte verpackt und mit vielen Dankesbekundungen und Verbeugungen wird der Kunde entlassen. Dieser begibt sich in freudiger Erwartung nach Hause, macht sich einen Kaffee und packt sein mitgebrachtes Stück Torte aus. Natürlich kommt es aus der schützenden Schachtel wie frisch gebacken, Plastikgabel und Serviette liegen anbei und dem Genuss für Auge und Gaumen steht nichts mehr im Weg.

In Japan regnet es oft und nie hat man einen Schirm dabei. Kein Problem, bei Regen kann man in den überall vorhandenen 24 Stunden Läden einen durchsichtigen Plastikschirm für rund drei Euro erstehen. Beim Betreten des nächsten Lokals oder öffentlichen Gebäudes stellt man seinen Schirm entweder in eine Tonne mit vielen anderen Schirmen und nimmt sich später einen der vielen identischen Plastikschirme, oder man kann den Schirm in einer Schließvorrichtung unterbringen, damit auch der Designerschirm auf jeden Fall zu seinem Besitzer zurückfindet. Eine weitere, japanspezifische Lösung zur Vermeidung von rutschigen und schmutzigen Regenwasserspuren sind Schirmhüllen aus Plastikfolie. Man schiebt seinen Schirm in die Öffnung einer kleinen Vorrichtung und heraus kommt er mit einer Art Kondom für den modernen Schirm. Hört sich lustig an, sieht lustig aus, ist super praktisch und sauber. Beim Verlassen des Kaufhauses gibt es einen großen Behälter für die Plastikfolien.

Japaner lieben gutes Essen und sie lassen es sich gerne liefern. In Japan kann man sich jegliches Essen liefern lassen und auch viele Supermärkte liefern in kurzer Zeit alles was man möchte. Für Nudelsuppenlieferungen gibt es spezielle Aufhängungen an den Motorrollern, damit die Suppe in den Kurven nicht überschwappt. Pizzalieferdienste gibt es natürlich auch in jeder Kleinstadt. Wer schon mal eine Lieferung erhalten hat, bei der der Pappdeckel auf der Pizza liegt, weiß, wie schrecklich dies ist. In Japan gibt es gegen dieses kulinarische Missgeschick einen kleinen Plastikpilz in der Mitte der Pizza, der dies verhindert.

Ein Heiligtum der Japanerin ist ihre Handtasche. Für Designerhandtaschen werden kleine und große Vermögen ausgegeben und niemals, aber auch wirklich niemals würde eine Japanerin ihre Handtasche auf die Erde stellen. In sehr vielen Restaurants bekommt man trotz makellos sauberen Fußböden deshalb ungefragt einen kleinen Korb, in dem die Tasche einen würdigen und sauberen Platz findet. Damit der Tasche auch wirklich kein Schaden zugefügt wird, wird sie oft auch noch mit einem Tuch abgedeckt. Wer einmal einen Abend lang seine schöne Tasche im Restaurant auf den Beinen balanciert hat, weiss solchen Service sehr zu schätzen.

Die 24-Stunden-Supermärkte sind immer und überall ein Quell der Freude und ein Retter in der Not. Auf Japanisch heißen sie *Konbini* (von convenient store) und es gibt mehr als 40.000 davon in Japan, natürlich auch in ländlichen Gebieten. Angeblich ist man statistisch betrachtet nie weiter als sieben Minuten vom nächsten *Konbini* entfernt. Egal, ob man dringend eine Pinzette braucht, eine Strumpfhose, Klebeband, Glückwunschkarten, Pflaster, Kugelschreiber, Batterien, Schirme, Kosmetik, Handyladegerät, Unterwäsche, Lesebrille, Schraubenzieher, ach ja und natürlich Lebensmittel und Getränke. Unter den Lebensmitteln gibt es fast alles, was das Herz begehrt, auch Essen, das man sich direkt in der Mikrowelle erwärmen lassen kann. Während man wartet, kann man im Konbini Bargeld ziehen, Kopien anfertigen, Rechnungen begleichen, ein Ticket fürs Kino, Konzert oder Fernbus kaufen oder schnell ein Päckchen verschicken.

Haben Sie schon einmal versucht, unterwegs Butter und Marmelade ohne Messer auf ein Brötchen zu streichen? Unmöglich denken Sie? Da haben Sie die japanischen Tüftler unterschätzt: Es gibt kleine Plastikdöschen in Zwillingsform, eins mit Butter befüllt, eins mit Marmelade. Man knickt die Packung in der Mitte, drückt die beiden Behälter gegeneinander und heraus kommt gleichzeitig eine Butter- und Marmeladenspur, die man mühelos auf das Brötchen drücken kann. Sehr lustig, sehr praktisch und sehr lecker.

Falls das Fluggepäck mal wieder viel zu schwer ist, oder ein Ausflug mit schwerem Sportgerät ansteht, ruft man einfach einen Lieferservice an. Dieser holt die Skiausrüstung und bringt sie an den gewünschten Ort im Skigebiet. Nach dem letzten Abschwingen oder dem letzten Abschlag lässt man das schwere Gepäck einfach wieder nach Hause schicken.

Cool
- Tolle Ideen und Serviceleistungen, die man woanders schmerzlich vermisst.

Uncool
- Manchmal entsteht viel Müll, aber Müll wird sehr sorgfältig getrennt.

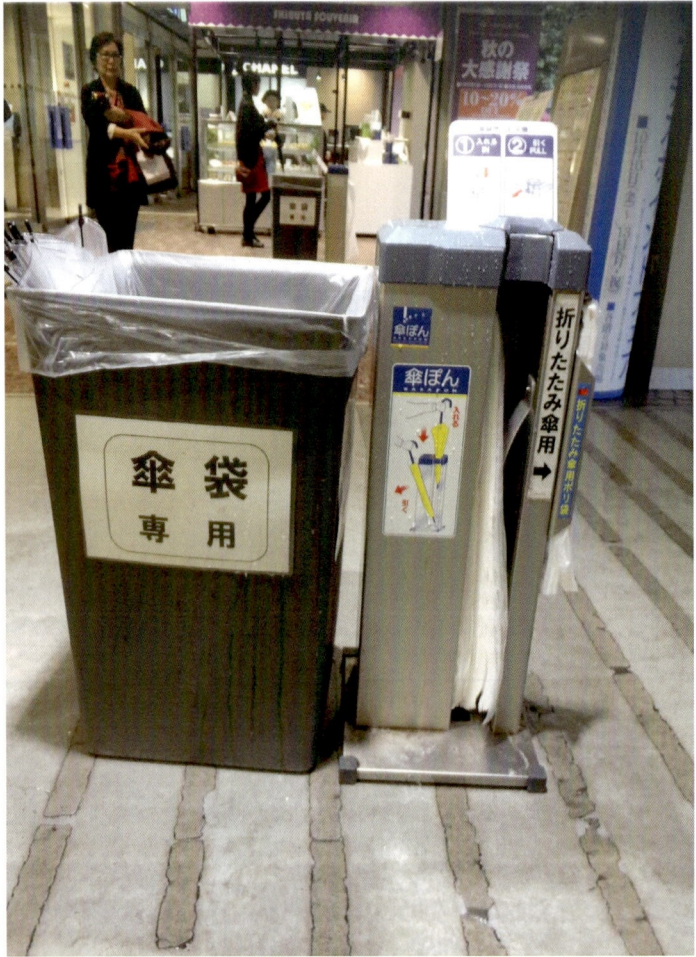

Rechts die Hülle für den modernen Schirm, links der Abfallbehälter für benutzte Hüllen.

Japanische Erfindungen

Sie ärgern sich darüber, dass die Smartphones immer größer werden, Ihr Daumen aber nur einen Bruchteil des Bildschirms erreichen kann? Dann wird es Zeit für eine japanische Erfindung: Den aufsteckbaren Daumenverlängerer.

Japaner sind große Tüftler und die Welt erfreut sich immer wieder an japanischen Erfindungen wie das Sushi-Fließband, Instantnudeln, löslicher Kaffee, blaue Leuchtdioden, *Karaoke*maschinen, *Toyota Production System*, *Sudoku* (einzelne Zahl) und vieles mehr. Es gibt unzählige Erfindungen, die wahrscheinlich nur aus Japan kommen können, da Japaner solche Dinge witzig finden, immer das Neuste besitzen wollen und auch nicht zu kritisch sind, was Funktionalität und Preis anbelangt, solange das Produkt sehr neu ist und als cool gilt. Ein Gang durch riesige Kaufhäuser, z.b. *„Tokyu Hands"*, das sich selbst „The one-stop shop" nennt, das laut Werbung „mit allen Arten von Produkten" handelt und in dem es wirklich alles gibt, ist dafür ein guter Beweis.

Ein schönes Geschenk für die daheim Gebliebenen wäre vielleicht ein sich bewegender Hund, der Situps macht und den man in einen USB Port des Computers stecken kann - völlig sinnfrei, da in manchen Fällen nicht mit einer USB-Stickfunktion ausgestattet, aber vielleicht erinnert es ja den einen oder anderen daran, dass er vor der nächsten Firmenreihenuntersuchung, die in Japan jährlich ansteht, noch etwas abspecken wollte. Meine deutschen Kunden, die dieses nicht ganz billige Geschenk von ihren japanischen Kollegen mitgebracht bekamen, hatten dafür nur ein leicht genervtes Kopfschütteln übrig, verbunden mit der Frage: „Müssen wir jedes Mal Geschenke machen?" Ja, Sie müssen!

Da gibt es Bier, das mit einer Schaumkrone aus Eis gekühlt wird oder das durch ein elektronisches Gerät, das ans Glas gehalten wird, wieder aufschäumt oder Sake in einer Dose, die sich selbst erhitzt.

Wer kennt das Problem nicht, man steht im Stau und muss mal schrecklich dringend auf die Toilette. Da ist guter Rat teuer und wo, wenn nicht in Japan, kommt Erleichterung in Form von kleinen Chemietoiletten für die Handtasche. Diese sind gefüllt mit einer Art Klumpstreu und schon ist das Problem gelöst.

Sehr beliebt sind auch Erfindungen in Verbindung mit Kleidung. BHs sind dabei immer wieder ein dankbares Objekt. Es gab schon BHs, mit Sensoren ausgestattet, die nur dann geöffnet werden konnten, wenn die Trägerin einen erhöhten Puls hatte. Einen Wahre-Liebe-BH sozusagen. Die deutsche Firma Triumph ist auf dem japanischen

Markt äußerst kreativ: Ein Modell lässt sich in eine kleine Golfmatte verwandeln, ein anderes kühlt die Trägerin und es gab auch schon ein Modell mit Hochzeitsuhr. Ganz aktuell hat der japanische Unterwäschehersteller Gunze eine neue Möglichkeit entwickelt, Kleidung ohne Metallfasern zu erwärmen, mittels eines Polymers. Kalte Füße und frierende Hinterteile könnten so der Vergangenheit angehören. Die Kleidung ist nicht nur waschbar, sondern kann interaktiv auch Informationen aufnehmen, z.B. den Pulsschlag des Trägers.

Die Selfie-Stange wurde im Jahr 1995 bereits im Buch 101 nutzlose japanische Erfindungen erwähnt. Wie man sich doch täuschen kann. Japaner haben sich auch schon gerne selbst fotografiert, als man dazu noch eine Kamera benötigte. Sie hatten oft ein kleines Stativ für Selfies dabei. Damals hätte man Ihnen gerne immer zugerufen: „Ich kann doch ein Foto von dir machen. Ich verspreche, nicht mit deiner Kamera wegzurennen."

Auch Gedanken lesen können japanische Erfindungen. Es gibt die *Neko Mimi* (Katzenohren), die man sich auf den Kopf setzt und die mit Hilfe von Elektroden auf der Stirn durch ihre Bewegung anzeigen, wie der Träger sich fühlt. Sie stellen sich z.B. auf, wenn man sich konzentriert, oder klappen nach unten, wenn man sich ruhig fühlt. Noch eine Stufe gewagter ist das Übersetzungsgerät für Katzen- und Hundestimmen, das bereits 2003 als „Meowlingual" auf den Markt kam und heute fürs Smartphone als App erhältlich ist. Endlich wissen, ob Miau „Geh weg", „Mach die Tür auf" oder „Wo bleibt mein Futter?" heißt.

Wer noch mehr witzige und aberwitzige Erfindungen entdecken möchte, sollte schon mal zwei bis drei Tage im *Tokyu Hands* einplanen.

Cool
- Japaner sind neugierig und dies bietet Erfindern einen breiten Markt.
- Immer wieder witzige neue technische Gimmicks.
- Ein Bummel durch die Kaufhäuser *„Tokyu Hands"* oder *„Big Camera"*.

Uncool
- Auf uns wirkt die Begeisterungsfähigkeit der Japaner mitunter befremdlich und kindisch.

Die praktische Toilette für unterwegs.

Japanisch

Es gibt Ranglisten, die Japanisch als eine der drei schwierigsten Sprachen der Welt einordnen. Jeder Ausländer, der versucht, Japanisch zu lernen, wird dies sofort bestätigen. Selbst hochintelligente Eliteabsolventen, die nach einem Jahr Arbeitspraktikum in Italien, Spanien oder Schweden natürlich fließend und nahezu fehlerfrei parlieren können, müssen nach einem Aufenthalt in Japan feststellen, dass auch sie an ihre Grenzen stoßen. Man müht und quält sich monatelang mit größter Ernsthaftigkeit, besucht Sprachschulen, schreibt Tests und als Ergebnis scheitert man nach 200 Unterrichtsstunden dabei, auf der Post eine Briefmarke zu kaufen. Wer sich nicht frustrieren lässt und weiter lernt, mitunter auch jahrelang, wird dennoch jedes Mal, wenn er den Fernseher einschaltet, auf den Boden der Tatsachen geholt. Nachrichten verstehen? Totale Fehlanzeige! Japanische Fernsehserien? Bruchstückhaft. Bleiben die bei Ausländern überaus beliebten Fernsehsprachkurse für Japaner. Hier kann man sich endlich der Illusion hingeben, ein bisschen japanisch zu verstehen, man hört ja die Übersetzung auf Englisch, Deutsch, Französisch...

Diese Sprachprobleme haben viele Gründe: Zunächst einmal haben die japanischen Lehrpläne für Ausländer den unbedingten Ehrgeiz, den Fremden „schönes Japanisch" beizubringen. Das Dumme ist nur, dass diese Art der Sprache kaum gesprochen wird und nur bei speziellen förmlichen Situationen passend ist. Wenn man aber zum Beispiel ein Nachbarskind auf die gelernte höfliche Art danach fragt, wo es gerade hin geht, ist dies in etwa so, als würde man das Protokoll zur Begegnung eines Mitglieds des Adels einhalten: „Mein werter Herr Nachbarssohn, würde es Ihnen belieben, mir freundlicherweise einen Hinweis auf Ihr angestrebtes Ziel zu geben?" oder so ähnlich. Wir lernen für „Wohin gehen Sie": *Doko e ikimasu ka?* Und sind total geschockt, wenn der Japaner im Umgangsjapanisch sagt *Doko iku no?* Leider können wir es auch nicht verstehen, obwohl die Bedeutung exakt dieselbe ist, aber kein Lehrer einer halbwegs seriösen Schule würde uns dieses in seinen Augen „Gossenjapanisch" beibringen. In unserem Lehrbuch gab es ein Kapitel zum Thema Umgangssprache, dies wurde im Unterricht an unserer sehr renommierten Sprachschule wahrhaftig übersprungen!

Und so sind wir gezwungen, uns Berge an Büchern zweifelhaften Inhalts zu kaufen, um wenigstens halbwegs wie Japaner zu klingen. Bei unseren verzweifelten Versuchen beteiligen wir uns sogar an unserer eigenen Diskriminierung. Ein Wort, das wir ziemlich schnell aufschnappen und das wir dann gerne in coolem Habitus kindlich naiv verwenden ist *Gaijin*, ohne zu umreißen, dass dies zwar die schnittige Kurzform von *Gaikokujin* ist, aber eben auch eine ganz andere Bedeutung hat. *Gaikokujin* ist der Ausländer und *Gaijin* der nicht zugehörige Außenseiter. Misstrauen sollte man auch grundsätzlich der Aussage dieser oder jener Herr sei mit einer Japanerin verheiratet und spräche deshalb natürlich super Japanisch. In nicht wenigen Fällen sprechen diese Fremden unwissend Frauenjapanisch und sind klammheimlich ein Objekt des Spotts der Kollegen.

Einer meiner deutschen Kollegen musste feststellen, dass sich die Nachbarskinder gerne über seine Art Japanisch zu sprechen lustig machten, was ihn sehr betrübte, schließlich war auch er mit einer Japanerin verheiratet.

Japanische Männer aus Osaka halten schon die Männer aus Tokio für Weichlinge, weil die kein echtes Gangsterjapanisch können, sondern für ihre Ohren so leise und gestelzt sprechen. Bei all diesen Schwierigkeiten ist jedes Erfolgserlebnis umso schöner: Wenn man es zum ersten Mal schafft, telefonisch eine Pizza zu bestellen, einen Tisch im Restaurant zu reservieren oder sogar Smalltalk zu führen über ein politisches oder wirtschaftliches Thema, ist das wie Ostern und Weihnachten an einem Tag, man ist stolz wie Bolle und das zu Recht!

Auch für Japaner ist ihre Sprache nicht einfach. Durch das Schreiben am Computer verlernen sie die in zwölf Schuljahren mühsam erlernten rund 2000 Basis-*Kanji* (chinesische Zeichen), gut gebildete Japaner beherrschen wesentlich mehr *Kanji*. Außerdem gibt es durch das Silbensystem der japanischen Sprache bei weitem nicht so viele Kombinationsmöglichkeiten wie bei unseren Buchstaben. Dies führt dazu, dass fast alle Aussprachen mehrere Bedeutungen haben, ein Quell vieler Verwechselungsmöglichkeiten. Japaner können sich über diesen Umstand immer wieder köstlich und selbstironisch amüsieren. *Sara da* heißt „Das ist ein Teller" und *Sarada* „Salat". Eine solche Erkenntnis am Mittagstisch kann für nicht enden wollende Erheiterung sorgen. Aber wie soll man einem Außenstehenden erklären, dass z.B. *Teki* Feind, aber auch Ebenbürtiger oder ganz einfach Tropfen bedeuten kann. Wenn sich solche Mehrdeutigkeiten nicht aus dem Kontext ergeben, fangen Japaner dann schon mal an, sich das betreffende chinesische Zeichen in die Hand zu malen, um es zu erklären. Japanische Personalchefs fordern deshalb angesichts all dieser Schwierigkeiten bei Neueinstellungen von den Bewerbern keineswegs Englischkenntnisse, sondern fundierte Japanischkenntnisse.

Cool
- Wenn man es endlich schafft, tatsächlich zu kommunizieren, ist es ein Hochgefühl.
- Japaner sind ehrlich dankbar dafür, dass wir uns bemühen.
- Auch Japaner kennen nicht alle Zeichen und deren Aussprachen.

Uncool
- Man wird für eine sehr lange Zeit auf die vorsprachliche Kleinkindebene zurückgeworfen.
- Selbst nach jahrelanger Anstrengung stößt man immer wieder an seine Grenzen.

Japanische Sprachschule ECC.

Englisch

Japanisch sprechen in Japan? Papperlapapp, wir leben ja schließlich in einer globalisierten Welt, überall wird Englisch gelernt und gesprochen! Leider trifft dieses Wunschdenken auf Japan nur bedingt zu.

Da passierte es uns, dass sich in dem Moment, als wir ein Restaurant betraten, die Kellner kichernd in eine Ecke drückten und dann aus ihrer Mitte den rausschoben, der vermeintlich am besten Englisch sprach.

Englisch wird aber auch tatsächlich in weiten Teilen des Landes kaum benötigt.

Angestellte in Behörden, Hotels, Krankenhäusern, Bahnhöfen sprechen meist rudimentäres bis gar kein Englisch. Das Ganze ist ein sehr heikles Thema, denn es ist den Japanern hochnotpeinlich, dass sie im weltweiten Vergleich des TOEFL-Tests für englische Sprachfähigkeiten schlechter abschneiden als beispielsweise Bangladesch. Dabei lieben Japaner die englische Sprache und benutzen sie häufig und gerne. In die japanische Sprache haben viele englische Worte Einzug gehalten, nur leider für jeden Nichtjapaner völlig unverständlich. Das Dumme ist nur, dass Japaner glauben, dass dies englisch sei: *Ooeru* (office lady), *on-za-rokku* (on the rocks) oder *konbini* (convenience store).

Für uns Ausländer sind die Englischkenntnisse der Japaner ein häufiger Quell der Erheiterung, aber auch die Japaner selbst machen sich gerne darüber lustig. Es gibt Sendungen im Fernsehen, die sich an den Schwierigkeiten, Englisch zu sprechen, ergötzen und dort kommen solch kuriose Sätze von befragten Japanern zustande wie „I drank my girlfriend at her birthday" oder „Please come back my leaver" (statt lover). Auch englische Übersetzungen können sehr, sehr lustig sein. In einer Bar gibt es dieses Angebot: „Special cocktails for persons with nuts" oder im Hotel „If you want condition of warm in your room please control yourself" Legendär sind natürlich auch Verwechselungen, die auf dem Problem beruhen, dass für Japaner l und r derselbe Laut ist. Da gibt es in einer Musikkneipe schon mal „Fork music" zu hören. Witzig ist auch, dass Japaner r und l beim Wechsel von lateinischen Buchstaben in japanische Silbenschrift *Katakana* und dann wieder zurück verwechseln. So wird aus einem Toyota Corolla ein *Ko-Ro-Ra* und dann ein *Colora*. Den schönsten Versprecher dieser Art hatte eine japanische Freundin, die in ihrer kanadischen Gastfamilie ein tiefschürfendes politisches Gespräch am Frühstückstisch führen wollte und Interesse an den nächsten Wahlen demonstrierte mit den Worten an den Hausherren „When do you have your next erection". Dem ist nichts mehr hinzuzufügen, außer vielleicht meiner Geschichte, als ich ein Büro betrat und typisch deutsch, also direkt, ohne jegliches Vorgeplänkel eine Gebühr zahlen wollte: *haraitai* (ich möchte zahlen). Der freundliche Angestellte schaute besorgt und wies mir den Weg zum nächsten Arzt, da er ohne weiteren Kontext zu verstehen glaubte *hara itai* (Mein Bauch tut weh). Ja, Kommunikation ist nicht einfach, egal ob auf Japanisch oder Englisch, aber oft sehr lustig.

Cool
- Man hat viel Spaß an den witzigen englischen und deutschen Sprüchen, die einem überall begegnen.
- Tattoos mit eigenartigen *Kanji* wie „Das ist ein Tattoo" oder „Arm" lassen auch die Japaner lachen.
- An den am wenigsten erwarteten Stellen spricht plötzlich jemand exzellent Englisch, z.B. ein Kellner in einem von Ausländern sehr selten besuchten Skigebiet.

Uncool
- Wenn man dringend Hilfe braucht und erst nach einigen Anläufen jemanden gefunden wird, der Englisch spricht.

Neben Englisch ist auch Deutsch beliebt für coole Aufdrucke.
Etwas wirr ist die blaue Schriftzeile:
„100% Baumwolle sanforiziert Fabrik eingehen nicht über 5%"

Tiere

Der süße Japanmakake (Schneeaffe) auf dem Titelbild dieses Buches badet in einer heißen Quelle, eine Lieblingsbeschäftigung der Tiere im kalten Winter in den Bergen. Manche dieser Quellen teilen sie sich sogar mit den Menschen: Tagsüber der Mensch, nach Geschäftsschluss die Affen. Im *Onsen* von *Jigokudani* (Höllental) habe ich mich zum ersten und einzigen Mal nach dem Baden noch einmal geduscht, weil mir beim Gedanken an die sonst in diesem Wasser sitzenden Affen doch unwohl war. Unweit des *Onsen* konnte man sie sitzen sehen. So weit, so *kawaii* (goldig). Leider haben sich die Affen sehr an den Menschen gewöhnt und sie haben gelernt, dass diese oft etwas zu essen bei sich haben und leichte Opfer sind. Schuld ist natürlich der offensichtlich etwas gedankenlose Mensch, allen voran die Spezies des Touristen. Japanische und ausländische Touristen lieben es, Verbotsschilder zu übersehen und dem Affen Zucker zu geben, weil dieser so süß aussieht und sich so putzig verhält. Weniger putzig wird es, wenn im beliebten Ausflugsziel *Nikkoo* Affenhorden als Überfallkommando die Geschäfte stürmen. Einer stiftet Verwirrung, einer lenkt ab und die anderen reißen sich die Süßigkeitenschachteln unter den Nagel und flüchten. Gerne werden auch arglose Passanten angegriffen, ihnen die Taschen entrissen oder gleich direkt ins offene Autofenster gesprungen.

Auch wir waren unbelehrbar, haben die süßen Äffchen gefüttert und ehe wir uns versahen, hatte ein erschreckend großer, gar nicht süßer, sondern eher aggressiver Affe unser Auto geentert. Zum Glück stieg er bald wieder aus, ohne jemanden verletzt zu haben. Das Tier, das auf dem Autodach saß, war allerdings nicht so einsichtig, es verteidigte sein neues Eigentum und wollte meinen Mann nicht mehr einsteigen lassen. Nur mit Hilfe von Bananen ließ es sich überreden.

Der Affe ist bereits seit dem 17. Jahrhundert ein wichtiges Symbol für *Nikkoo*. Neben den manchmal gar nicht so süßen Rotgesichtmakaken gibt es hier in einer Tempelanlage auch die berühmten drei Affen: Nichts Schlechtes sehen, nichts Schlechtes sagen, nichts Schlechtes hören. Dies ist übrigens ein konfuzianistisches Prinzip, das den heutigen kriminellen Affenbanden ganz sicher sehr gelegen kommt.

Der Hund spielt ebenfalls eine besondere Rolle. Heute wird er als Modeartikel gehätschelt, wird meist getragen und wenn er abhanden kommt, kann man einen Haustierdetektiv mit der Suche beauftragen. Falls er sich mal unpässlich fühlt, könnte ein Bad im heißen Sand in *Ibusuki* helfen. Findige Mitbürger bieten hier Wellnessprogramme für Hund und Katze an.

An solche Sonderbehandlungen war zu Zeiten des berühmten Hundes *Hachikoo* nicht zu denken. Der Hund, der sein Herrchen jeden Abend am Bahnhof abholte und auch als dieser schon lange verstorben war täglich auf ihn wartete. Heute gibt es eine *Hachikoo* Hundestatue in *Shibuya*, dem äußerst beliebten und weltweit bekannten Ausgehviertel Tokios. Jeden Abend treffen sich tausende Menschen vor dem Bahnhof und meist lautet der Treffpunkt *Hachikoo*. Die Liebe der Japaner zum Hund hat Tradition. Dem *Shogun Tokugawa Tsunayoshi* (im Japanischen steht der Nachname vor dem Vornamen) lagen die Hunde besonders am Herzen. Er erließ drastische Strafen für die Misshandlung von Tieren und verlangte für Hunde eine besonders höfliche Anrede.

Da sich im modernen Japan nicht jeder einen Hund oder eine Katze leisten kann und will, gibt es schon seit 2004 Katzencafés, in denen man beim Kaffee trinken eine Katze streicheln kann, sofern diese mitmacht. Der Erfolg gibt den Betreibern Recht, es gibt zahlreiche Streichelcafés in Japan und auch in Europa hat die Idee Nachahmer gefunden.

Neben diesen Tieren gibt es noch einige andere, denen man beim besten Willen kaum entgehen kann. „Wo man eine sieht, gibt es tausend" war die wenig beruhigende Aussage meiner Japanischlehrerin, als ich ihr von einer einzelnen Kakerlake im Haus erzählte. Japanische Kakerlaken sind nicht putzig, sondern riesig und sie können fliegen. Aber Abhilfe gibt es natürlich sofort: *Gokiburi Hoihoi* (Kakerlake komm, komm), eine Kombination aus Mausefalle und klebrigem Fliegenfänger. Die Fallen erinnern entfernt an Lebkuchenhäuschen, süß bedruckt mit lustigen Zeichnungen von Kakerlaken, die frech aus aufgemalten Fenstern herausschauen. Zunächst baut man mit Hilfe der detaillierten Anleitung die Fallen auf, bestückt sie im Inneren mit Klebefolien und Lockmitteln und hofft auf Erfolg. Meist stellt er sich auch ein, aber ein bisschen gruselig ist es doch, wenn es im Inneren kratzt und schabt.

Japanische Häuser und Wohnungen haben immer noch sehr oft ein Zimmer mit *Tatami* (Reisstrohmatte). Dies ist eine Reminiszenz an alte Zeiten, die Matten riechen gut und sind angenehm an den nackten Füßen. Leider sind sie aber tatsächlich aus Stroh und dies zieht über kurz oder lang lästige Mitbewohner an, z.B. Flöhe oder Wanzen. Nach einem gemütlichen Lesestündchen auf den *Tatami* wurde ich von jukkenden roten Pusteln geplagt und wusste nun ganz sicher, dass wir Mitbewohner hatten. Auch hierfür gab es schnelle Hilfe: Eine Chemikalie, die wir in Wasser stellten, schnell das Zimmer verließen und von draußen durch das Fenster zuschauten, wie sich ein gewaltiger Nebel bildete, der allem Getier den Garaus machte. Nach dieser Giftbehandlung hofften wir, dass wir das Zimmer zukünftig ohne ungutes Gefühl weiter nutzen würden.

Cool

- In Japan wurden Tiere im alten Japan nicht zum Verzehr gezüchtet und gehalten, auch keine Rinder, Schweine, Hühner.
- Katzencafés sind witzig und den Tieren geht es wirklich gut.
- Die Affen in *Nikkoo* sind einen Besuch wert.

Uncool

- Die Hitze im Sommer ist verbunden mit viel unangenehmem Kleingetier.
- Süße Haustierwelpen werden in Geschäften unter in Deutschland schon lange verbotenen Bedingungen gehalten und verkauft.

Klare Besitzverhältnisse.

Sauberkeit

Japan ist sauber! Sie haben sich von einem Prospektverteiler in Tokio ein Werbeprospekt in die Hand drücken lassen und wären es gerne wieder los? Vergessen Sie es! Es gibt keine Mülleimer und auf diese völlig müllfreien Straßen einfach etwas zu werfen, traut man sich einfach nicht. So bleibt Ihnen nichts anderes übrig, als den Müll nach Hause mitzunehmen, so wie annähernd alle in dieser Stadt. Japanische Raucher haben deshalb auch oft einen tragbaren Miniaschenbecher bei sich, in den sie ihre Asche und Zigarettenstummel packen und ebenfalls mit nach Hause nehmen.

Die Sauberkeit scheint ein Grundbedürfnis der Japaner zu sein. Kleinkinder putzen ihren Kindergarten, Schüler ihre Schule und Angestellte ihre Arbeitsplätze, alle machen mit, auch der Chef. Youtube: „Saubere Sache: Treffen zum Toilette putzen" von Zoomin.TV Deutschland.

Es geht dabei um mehr als Sauberkeit, das Putzen ist eine Lebensphilosophie, man findet dabei innere Ruhe, motiviert sich für die Arbeit und stärkt den Teamgeist. Das geht auch über die eigenen Grenzen hinaus: Bei der Fußball-WM in Deutschland fiel den Reportern zu den Fans der japanischen Nationalmannschaft nicht wirklich viel ein, bis sie bemerkten, dass diese nach dem Abpfiff nicht einfach ihrer Wege gingen, sondern vorher noch sämtlichen Müll in ihren Sitzreihen einsammelten. Für die Journalisten mal wieder ein Beweis für die eigenartigen Sitten der Gäste aus dem fernen Osten.

Beim Toilettenbesuch benutzt jeder selbstverständlich nach dem Händewaschen sein Papierhandtuch, um das Waschbecken zu säubern. Es gibt wahrscheinlich kaum sauberere Toiletten in Fernzügen als in einem japanischen *Shinkansen* (Schnellzug). Außerdem würde niemand dort seinen Müll am Platz zurücklassen. Wenn man beim Aussteigen aus einem Flugzeug von und nach Japan die bereits verlassenen Sitze anschaut, wird man an den sorgfältig zusammengefalteten Zeitungen, den sauber zusammengelegten Decken und dem Fehlen von Müll sofort erkennen, wo Japaner saßen.

Dies alles hat neben der Hygiene das Ziel, die Dinge, die der Gruppe oder allen gehören, möglichst lange in Ordnung zu halten.

Auch Wohnräume werden peinlich sauber gehalten: Mal schnell in Schuhen eine Wohnung betreten, weil man es eilig hat und etwas holen muss? Niemals! Die Schuhe werden immer und von jedem ausgezogen. Auch Umzugsleute, Rettungssanitäter oder Stromableser ziehen immer ihre Schuhe aus, auch wenn sie dutzende Male hinein- und hinausgehen. Selbst in manchen Firmen, Schulen, Restaurants und sogar in einigen Gärten muss man die Schuhe ausziehen. Natürlich betritt man auch in Bekleidungsgeschäften die Umkleidekabinen auf Socken und steht dann auf einem sauberen und warmen Teppich.

Der japanische Reinheitssinn erfordert eine Trennung zwischen Reinem und Unreinem, so ist beispielsweise der Bereich außerhalb des Hauses unrein und das Innere des Hauses rein. Es geht nicht nur um Sauberkeit und Hygiene im westlichen Sinn, sondern wird umfassender als geistig seelischer Wert betrachtet und spielt im Schintoismus eine wichtige Rolle.

Eine sehr schöne Geste ist die Sitte japanischer Frauen, im Restaurant ihren Lippenstiftrand von Gläsern und Tassen abzuwischen.

In Deutschland oft nach unserer Rückkehr schmerzlich vermisst: Niemals würde in Japan die Bäckereifachverkäuferin oder der Metzger ihre Lebensmittel mit der Hand anfassen. Ausgeklügelte Handgriffe und Hilfsmittel verhindern dies.

Cool
- Man passt sich an und findet es toll, dass alles sauber ist und man seinen Teil dazu beiträgt.
- Ein Grundgedanke ist der Dienst an der Gesellschaft.
- Sauberkeit als umfassender Wert des Einzelnen und der Gruppe.

Uncool
- Hier fällt mir beim besten Willen nichts ein.
- Auch in Japanern schlummern mitunter kleine Anarchisten, wie Graffitis in Tokio zeigen oder auch mal wild abgestellter Müll.

Beim Erreichen der Endstation kein Krümel auf dem Boden der S-Bahn.

Service

Der japanische Service ist legendär und begeistert wohl jeden, der jemals dort war. Man landet in Tokio, kauft sich eine Busfahrkarte und los geht es mit angenehmen Erlebnissen: der Koffer wird von einem Angestellten an der Bushaltestelle in Empfang genommen, das Ziel mehrfach geprüft und wenn man dann im Bus sitzt, kommt kurz vor Abfahrt einer der Mitarbeiter in den Bus und verabschiedet sich unter Dankesworten mit einer tiefen Verbeugung bei den Fahrgästen. Spätestens jetzt ist man sich sicher, dass man in Japan gelandet ist.

Tanken ist ja normalerweise eine lästige Pflicht, in Japan ist es eine Show: Man fährt in die Tankstelle und wird von vielen Angestellten unter lauten *Irasshaimase* (Willkommen) Rufen begrüßt, einer hilft wie ein Fluglotse die richtige Position des Autos zu finden, denn die Zapfpistolen hängen oft vom Dach herab. Der Fahrer öffnet lässig das Fenster und gibt an, welchen Kraftstoff er wünscht. Während der Tankzeit wird der Aschenbecher geleert, der Müll aus dem Auto entfernt, auf Wunsch ein Duftspray versprüht und die Scheiben geputzt. Beim Bezahlen reicht man einfach seine Kreditkarte oder das Bargeld aus dem Fenster und erhält alles ordnungsgemäß zurück. Nun rennt mindestens ein Angestellter zur Straße, winkt den wegfahrenden Kunden in den fließenden Verkehr und verbeugt sich hinter dem davonfahrenden Wagen viele Male. Youtube: „Gas Station like a pit stop!!!!" von TheJapanChannelDcom.

Der Kunde ist Gott und kein König, der kommen und gehen kann. Der Kunde soll nicht zufrieden, sondern glücklich sein und nach dieser Maxime wird der Dienstleistungsgedanke gelebt: Sich etwas Schönes zu kaufen macht in Japan oft sehr, sehr glücklich, nur eilig sollte man es nicht haben: Der Kunde betritt ein Geschäft und wird meist von mehreren Verkäufern mit *Irasshaimase* (Willkommen) Rufen herzlich begrüßt. Es folgt die Bitte, sich doch alles genau anzuschauen und bei Bedarf zu probieren. Falls man zum ausgesuchten Teil ein unpassendes Restoutfit trägt, wird natürlich schnell etwas Passendes geholt, um die Wirkung des Stücks zu demonstrieren. Wenn man sich nach gründlicher Beratung endlich entschieden hat, wird man zur Kasse geleitet. Dort wird als Nächstes das ausgewählte Stück neu aus dem Lager geholt, während man mit Kreditkarte bezahlt und sich beraten lässt, welche Geschenkverpackung gegebenenfalls schön wirken würde. Dann wird die wunderschön verpackte Neuerwerbung in eine repräsentative Papier-, Filz- oder Stofftasche verpackt, die oft so schön ist, dass man sie weiter benutzt und so kostenlos Werbung für das Geschäft läuft. Falls der Kunde bereits Einkäufe bei sich hat, wird ihm eine große Tasche angeboten, in die alle Einkäufe zusammengepackt werden. Falls es nun draußen regnen sollte, wird um die hübsche Papiertasche eine schützende, durchsichtige Plastikhülle gestülpt. Nun wird diese Tasche zum Ausgang getragen, dort beidhändig unter Verbeugung überreicht und man verlässt bestens gelaunt das Geschäft mit dem guten Gefühl, sein Geld gerne ausgegeben zu haben.

Bei meinem letzten Besuch in Japan wollte ich einige Lebensmittel kaufen. Schon bei der Sojasauce wusste ich nicht, wo ich suchen sollte. Also sprach ich eine Verkäuferin an. Diese ging mit mir zum richtigen Regal und beriet mich. Als nächstes suchte ich Reiscräcker. Diese wurden in einem anderen Teilgeschäft auf derselben Etage angeboten, natürlich am anderen Ende gelegen. Die Verkäuferin begleitete mich auf dem weiten Weg, beriet mich und während ich noch aussuchte, holte sie für mich einen Einkaufswagen, da sie bemerkt hatte, dass ich noch keinen hatte.

Es existieren auch sehr lustige Dienstleistungen: In großen Kaufhäusern gibt es eine Aufzugstewardess, die in einem schönen Kostümchen jeden Kunden fragt, in welches Stockwerk er möchte und dann den Knopf drückt. Natürlich achtet sie auch immer genau auf das Öffnen und Schließen der Tür, sagt die Stockwerke an und hofft wahrscheinlich in den meisten Fällen darauf, dass ein fescher potentieller Ehemann einsteigt, der sie von all dem erlöst (siehe Kapitel Frauen).

Cool
- Man wird sehr freundlich bedient und ist selbst auch viel freundlicher.
- Es gibt kein „Nein".
- Der Kunde fühlt sich großartig und freut sich, sein Geld auszugeben.

Uncool
- Falls man in Eile ist, kann man schon mal genervt auf all die Freundlichkeiten reagieren.
- Natürlich hat Service seinen Preis.

Der eigene Service des Futon Ausbreitens am Abend sorgt für Erheiterung.

Zug fahren

Wer in Japan nicht Zug gefahren ist, war nicht dort. Eine besondere Schau ist dies natürlich im 35 Millionen Kessel in und um Tokio. Es gibt unzählige Bahnlinien und der Bahnhof *Shinjuku* in Tokio ist mit 3,6 Millionen Passagieren am Tag der am stärksten frequentierte der Welt. Man kann sich also vorstellen, dass es sehr, sehr voll ist. All diese Menschen wollen möglichst reibungslos an ihr Ziel kommen und dies gelingt fast immer!

Ich habe meine Zugreisezeiten in unseren fünf Jahren einmal überschlagen und bin auf drei Monate Dauerzugfahren gekommen. Da wird man natürlich zum Profi. Ich wusste z.b. genau, in welchen Waggon ich einsteigen muss, um beim Umsteigen als eine der Ersten auf der Rolltreppe zu sein, um den Anschlusszug erreichen zu können. Wenn sich die große Masse der Passagiere erst einmal in Bewegung gesetzt hat, wird dies unmöglich.

Zunächst heißt es Fahrkarte kaufen. Zu diesem Zweck gibt es dutzende Fahrkartenautomaten, in die Sie Geldscheine jeder Größe stecken können und natürlich Scheine, nicht unzählige Münzen zurückbekommen. Wer beim Ermitteln des korrekten Fahrpreises nicht zurechtkommt, kauft einfach die billigste Karte und zahlt am Zielbahnhof problemlos nach. Wer oft fährt, kauft sich aber eine aufladbare Karte, die man einfach mitsamt Geldbörse über die Kartenlesegeräte zieht. Alles automatisch, schnell und wer möchte, druckt sich später eine Art Kontoauszug aus. Nun schiebt man sich mit der Menschenmenge die Treppen hinauf und sollte nicht auf die Seite der herabkommenden Fahrgäste treten. Wo es Rolltreppen gibt, heißt die Regel in Tokio: Rechts gehen, links stehen (in Osaka ist es aus unerfindlichen Gründen umgekehrt) und das ohne Ausnahme, denn jeder hat es im Bahnhof eilig.

Auf dem Bahnsteig angekommen, wundert sich der unwissende Ausländer über die anstehenden Schlangen. Falls man sich nun, wie in allen anderen Ländern üblich, einfach mittenrein stellt, stellt man fest, dass die Zurückhaltung der Japaner doch auch ihre Grenzen kennt. Mein Bruder und seine Frau wurden freundlich an die Schulter getippt und mit Handzeichen in die Lücke in der Schlange gelotst, die sich beim Ankommen der Fremden imaginär gebildet hatte. Nun fährt der Zug ein, manche Tokioter Linien im Zwei-Minuten-Takt, die Türen öffnen sich exakt an den auf dem Bahnsteig angezeigten Linien und binnen Augenblicken ist der Bahnsteig geflutet von aussteigenden Passagieren, die sich zügig entfernen und genauso zügig wird eingestiegen.

Zu den Hauptverkehrszeiten gibt es die japanische Zuglegende tatsächlich: Die Pusher, die Gäste in die Züge drücken, nicht ohne vorher höflich gefragt zu haben: „Darf ich Sie hineindrücken?" Wenn man sich in solch vollgepackten Zügen befindet, hat man kein Problem mehr damit, sich festhalten zu müssen, an Umfallen ist nicht zu denken und wenn es am Ohr juckt, muss das Kratzen auf später verschoben werden. Gut gemeint, aber sehr lästig ist auch, dass man je nach Jahreszeit entweder erfriert oder einen Hitzeschock erleidet. Im Sommer steht man immer unter der wie ein kleiner Orkan blasenden, kalten Klimaanlage und im Winter wird ordentlich eingeheizt, während man im dicken Winterdress zwischen schwitzenden Menschen steht. Japaner besitzen die beneidenswerte Gabe, all dies mit stoischer Gelassenheit hinzunehmen und machen sich nicht die Mühe, sich zu ärgern. *Shooganai* (da kann man nichts machen) ist das Zauberwort (siehe Kapitel Lebenseinstellungen). Trotz dieser Menschenmassen sind die Züge in tadellosem Zustand, kein Abfall auf dem Boden und keinerlei Vandalismus ist zu sehen.

Es kann vorkommen, dass der Ausländer einen Sitzplatz ergattert. Dann gibt es zwei Varianten: Entweder der Sitzplatz neben ihm bleibt frei, was sich doch sehr unangenehm anfühlt in einem vollgepackten Zug, oder es sitzen Japaner rechts und links. Im zweiten Fall werden die Nachbarsitzer entweder auf ihre Handys starren oder ansatzlos einnicken und eventuell den Kopf auf Ihre Schulter sinken lassen. Nun bleibt Ihnen überlassen, ob Sie das gut finden und ihre Schulter als Kopfkissen hergeben, oder ob Sie durch Rumruckeln klar machen, dass das nicht in Ihrem Sinne ist.

Es wird auch sehr ordentlich gesessen: Auf der Bank mit sieben Sitzplätzen rücken alle so zusammen, dass sieben Personen sitzen können, auch wenn mal jemand etwas korpulenter ist.

Die japanische Variante des ICE, der *Shinkansen*, ist natürlich ebenfalls eine Fahrt wert. Während man in innerstädtischen Zügen niemals etwas in der Öffentlichkeit essen würde, gehört es hier zum guten Ton, sich auf dem Bahnhof ein *Bentoo* (Lunchbox) (siehe Kapitel Essen) zu kaufen. Wer es nicht schafft, kann dies bei der Zugstewardess nachholen, die einen Servicewagen durch den Zug schiebt. Hier darf man nun gemütlich sein leckeres Essen und sein japanisches Bier genießen, ein Nickerchen machen und in Windeseile am Ziel ankommen. Vorsicht geboten ist beim Einsteigen in den *Shinkansen*, man sollte immer genau auf die Anzeigen achten: Deutsche Geschäftsreisende kamen auf den Bahnsteig, auf dem bereits ein Zug wartete und stiegen mal ein, da es nur noch zehn Minuten bis zur Abfahrt waren. Leider stellten sie erst nach einiger Zeit fest, dass dieser Zug in eine falsche Richtung fuhr und erst nach 200 Kilometern zum ersten Mal stoppte.

Es fahren mehr Züge, als man sich vorstellen kann und sie sind pünktlicher als man es vom Rest der Welt gewohnt ist.

Es gibt natürlich in allen Bahnhöfen zahlreich anwesendes Personal und falls man Hilfe benötigt, erhält man sie. Ein deutsches Kind, das zu weit gefahren war und völlig aufgelöst und orientierungslos im falschen Bahnhof stand, wurde natürlich von einem Bahnangestellten nach Hause gebracht. Die Aktentasche eines deutschen Kollegen, die auf dem Bahnsteig vergessen worden war, wurde gefunden, in den nächsten Zug gestellt und im nächsten Bahnhof vom erleichterten Besitzer in Empfang genommen.

Cool
- Trotz oft bedrückender Enge bleiben alle gelassen.
- Die Züge sind äußerst pünktlich.
- Die Züge und Bahnhöfe sind sauber und sicher.
- Personal ist überall vor Ort und ansprechbar.

Uncool
- Die Hitze im Winter und Kälte im Sommer im Zug.
- Die hohen Preise trotz der starken Auslastung.
- Menschen mit Klaustrophobie müssen draußen bleiben.
- Es gibt vereinzelt *Chikan*, (wörtlich: Sittenstrolch) Männer, die Frauen im Schutz des Gedränges anfassen.

Dieses kawaii (süß) Poster sagt: „Guck dir mal den da an!" und fordert die Fahrgäste in der Bahn dazu auf, ihre tragbaren Wiedergabegeräte leise zu stellen, um die anderen Passagiere nicht zu stören.

Kawaii

Falls Sie ein lustiges Bild mit einem süß drein schauenden Bären im japanischen Wald sehen, ist dies kein Hinweis auf einen Zoo in der Umgebung, sondern ein sehr ernst gemeinter Hinweis auf die Gefahr, die von den hier lebenden wilden Bären für Wanderer ausgeht.

In Japan kann kaum etwas zu dramatisch oder gefährlich sein, um es nicht in ein freundlich süßes Bild zu verpacken. Frei nach dem Motto: Das Leben ist ernsthaft genug. Viele Ausländer sprechen kein Japanisch, aber *kawaii* kennen alle. *Kawaii* bedeutet „süß" „niedlich" „goldig". Wenn etwas oder jemand als *kawaii* bezeichnet wird, ist dies ein sehr nettes Kompliment, auch wenn es sich für Außenstehende nicht immer erschließt. So gelten beispielsweise schiefe Schneide- und Eckzähne bei Frauen als so unglaublich *kawaii*, dass es tatsächlich Zahnärzte gibt, die sich darauf spezialisiert haben, eine Art Aufsteckgebiss anzufertigen, falls die eigenen Zähne zu erwachsen aussehen, gerade gewachsen sind oder auf das Verlangen der Eltern hin von modernen Zahnspangen in Reih und Glied gepresst wurden. Das Motto ist dann: Vampirgebiss aufziehen und feste lächeln. Youtube: „Fangzähne: Das perfekte Lächeln in Japan" Zoomin.TV Deutschland

Das ästhetische Konzept, das für Unschuld und Kindlichkeit steht, begegnet einem auf Schritt und Tritt. Jede Firma, jede Kampagne, jede Stadt, jede Präfektur hat ihr Maskottchen, selbst Gefängnisse möchten nicht auf ein solches verzichten. Was woanders als zumindest leicht peinlich empfunden würde, ist hier einfach nur süß. Japanische Familienväter, die ein Bündel goldiger Maskottchen als Anhänger am Handy, oder eine ganze Armada süßer Figuren auf dem Armaturenbrett ihres Autos befestigt haben, finden nichts Seltsames dabei. Die japanische Fluggesellschaft ANA hatte drei Flugzeuge mit *Pikachu*, einer Figur aus der Serie *Pokemon* bedruckt und um die Welt geschickt. Man möge sich vorstellen, dass die Lufthansa Flugzeuge mit überdimensionalen Fix und Foxy Figuren verziert und stolz als coole deutsche Popart präsentiert. Manche dieser Figuren haben einen Siegeszug um die Welt angetreten: *Hello Kitty* finden alle Fünfjährigen süß. In Japan aber auch die Fünfzigjährigen. Sehr viele Frauen versuchen deshalb, so lange wie möglich „süß" zu bleiben. Piepsstimmen, kindlicher Watschelgang, Rüschen und Glitzer helfen dabei - Hauptsache *kawaii*. Und so sind auch japanische Popsternchen weniger sexy als vielmehr goldig und unschuldig.

Machen Sie sich keine falsche Hoffnung, je länger Sie in Japan sind, umso mehr werden Sie infiziert. Auch wenn Sie beispielsweise von *Doraemon* noch nie etwas gehört haben, nach dem ersten Kontakt mit dieser blauen Roboterkatze aus den sechziger Jahren ist es um Sie geschehen. Eventuell ist Ihre Bankkarte mit einem niedlichen Bild von ihr verziert, so wie meine. Sie kaufen vielleicht erst mal ein Notizheft mit *Doraemon*. Dann stellen Sie fest, es gibt nichts, was es nicht auch mit dem süßen *Doraemon* gibt und schon nennen Sie Tassen, Besteck, Fotorahmen und vieles mehr mit blauen Katzen drauf Ihr Eigen. Ich weiß, wovon ich spreche.

Cool:
- Auch ernste Themen können süß verpackt werden.
- Japan als Trendsetter.

Uncool:
- Männer mit süßen Maskottchen am Handy.
- Manchmal wirkt *kawaii* sehr herbeigezwungen.

Auf dem Rollfeld in Tokio.

Lebenseinstellungen

Beim Besuch meiner Mutter in Japan unternahmen wir einen Ausflug, der uns im Stau stranden ließ. Wir beschlossen, die Autobahn zu verlassen und etwas essen zu gehen, aber auch hier: Eine lange Warteschlange. Wir entschieden uns zunächst, zu warten, aber es dauerte uns einfach zu lang und wir gingen wieder. Dieses Verhalten veranlasste den Kellner, der sich um die Verteilung der Plätze kümmerte zu der selten direkten Äußerung: „Ausländer sind immer etwas ungeduldig."
Das japanische Schlagwort ist hier *gaman* (bedeutet so viel wie Geduld, Ausdauer, Selbstbeherrschung, Langmut). Die meisten Japaner ruhen einfach mehr in sich selbst, übersehen unangenehme Dinge und regen sich einfach nicht über Sachverhalte auf, die sie ohnehin nicht ändern können, wofür sie gleich das nächste Wort haben: *shikata ga nai* (in etwa: da kann man nichts machen). Das ist im Kleinen oft hilfreich, um den Blutdruck niedrig zu halten. Was soll es helfen, sich über die vollen Züge zur Rush-Hour in Tokio aufzuregen? Die Systeme arbeiten am Anschlag und man wird kaum etwas ändern können. Außerdem hilft diese Lebenseinstellung den Japanern auch in wirklich schweren Zeiten.
Nach der Dreifachkatastrophe von Fukushima waren wir natürlich sehr besorgt um unsere japanischen Freunde. Ich telefonierte mit einer Freundin und sie erzählte mir, dass jeden Abend der Strom abgestellt wird, weil Energie gespart werden müsse. Sie würden sich dann mit Kerzen behelfen, sagte sie und weiter: „Das ist total romantisch." Erst auf weiteres Nachfragen gab sie zu, dass Kerzen kaum noch zu kaufen seien, was aber ebenfalls kein Grund war, sich irgendwie zu beklagen. Ich schickte dann ein Päckchen mit Kerzen und Jodtabletten für alle Fälle.
Eine ganz besondere Geschichte sind auch Helden in Japan, denn die größten Helden sind oft diejenigen, die sich ganz einfach bemühen, ihr Bestes geben und anstrengen: *Doryoku*. Oliver Kahn, der ehemalige Torwart der deutschen Fußballnationalmannschaft ist ein typisches Beispiel hierfür. Die Nationalmannschaft war bei der WM 2002 in Japan und Korea in einem desolaten Zustand und allein Oliver Kahn glaubte an einen Erfolg. Er tat alles dafür, war sehr emotional und forderte von seinen Mitspielern alles. Am Ende scheiterte die Mannschaft im Endspiel ausgerechnet durch Oliver Kahn, der durch einen individuellen Fehler ein Tor der Brasilianer zuließ. Dieses Versagen, nachdem er alles gegeben hatte, machte ihn für die Japaner erst zum wahren Helden. Nach der WM war er so bekannt und beliebt in Japan, dass er zahlrei-

che Werbeverträge dort abschließen konnte und in viele Fernsehshows eingeladen wurde. Deutsche, die in Japan auf Geschäftsreise sind, beklagen sich immer mal wieder bei mir, dass sie die ganze Zeit unter die Fittiche ihrer Gastgeber genommen werden und kaum einen Schritt alleine machen können. Dies ist ein typischer Fall von *Omotenashi* (Gastfreundschaft) Die japanische Gastfreundschaft verlangt vom Gastgeber, sich in seinen Gast hineinzuversetzen und zu erahnen, was dieser möchte. Dem Gast soll ein in Erinnerung bleibendes Erlebnis bereitet werden. Deshalb ist es üblich, dass wir selten gefragt werden, welches Restaurant wir besuchen möchten und was wir dort essen wollen. Die Gastgeberpflicht sieht vor, dass man sich gründlich Gedanken über seinen Gast und dessen Vorlieben und Wünsche macht. Für die Sommerolympiade 2020 bereiten sich die Japaner schon jetzt intensiv vor und möchten die Erlebnisse des japanischen *Omotenashi* von den internationalen Gästen in die ganze Welt tragen lassen.

Eng verbunden ist dieses Verhalten mit guten Manieren, Höflichkeit und *Wa* (Harmonie). Japanische Kinder lernen von klein auf, auf ihre Mitmenschen zu achten und neigen durch Lebenseinstellungen wie *gaman* und *shikata ga nai* zu Deeskalation. Japaner sind fähig, unangenehme Dinge zu überhören.

Cool

- Von den Japanern können wir an der einen oder anderen Stelle wirklich etwas dazulernen:
- Einfach mal etwas geduldiger sein.
- Einfach mal Dinge akzeptieren, die sich nicht ändern lassen.

Uncool

- Shikata ga nai führt dazu, dass Dinge einfach hingenommen werden. Bürgerliche Entrüstung kann aber auch eine Möglichkeit sein, Verantwortung zu übernehmen und Dinge positiv zu verändern.

Nichts Schlechtes hören, nichts Schlechtes sagen, nichts Schlechtes sehen.

Japanische Frauen

„Die japanischen Schulmädchen tun mir richtig leid, sie müssen so kurze Röcke tragen" sagte doch tatsächlich eine mitfühlende deutsche Freundin zu mir. So kann man sich irren: die offiziellen Schuluniformen sind natürlich sehr züchtig, mit knielangen Röcken, hohen Kniestümpfen und männlich anmutenden Uniformjacken. Die Teenager wissen sich aber nach der Schule in den Kaufhaustoiletten aufzuhübschen: Die Röcke werden bis auf die Größe breiter Gürtel in den Hüften nach oben gerollt, die Socken nach unten gezogen und mittels speziellem Klebstoff kindlich-sexy befestigt. Dazu noch tonnenweise Make-up und fertig ist der leicht sündige Schulmädchenlook.

Etwas älter und weniger auffällig sind japanische Frauen für viele westliche Männer der Inbegriff von Sanftheit, Zurückhaltung und Bescheidenheit. Kaum ein ausländischer Junggeselle, der einige Zeit in Japan verbringt und ohne japanische Freundin oder Ehefrau zurückkommt. Für viele Japanerinnen ihrerseits sind westliche Männer der Inbegriff von Charme, Männlichkeit und Partnerschaft. Was oft mit Sprachtandems Englisch/Japanisch in einem Tokioter Café beginnt (man vereinbart, die Hälfte der Zeit Japanisch und die andere Hälfte der Zeit Englisch, Deutsch oder eine andere Sprache zu sprechen und zu lernen), endet nicht selten vor dem Traualtar. Das große Erwachen kommt dann später: Japanerinnen sind nämlich keineswegs willenlose Wesen, die sich der männlich orientierten japanischen Kultur unterordnen. Es gelingt ihnen einfach nur, ihre wahren Ansichten gut zu verbergen. Unter der kichernden Fassade, die sich mit *kawaii* (süßen) Attributen schmückt, den Mund beim Lachen mädchenhaft verdeckt, mit hohen Kinderstimmen und sehr, sehr schutzbedürftig, wissen die japanischen Frauen meist sehr genau, was sie wollen und was nicht, sie sind aber klug genug, es nicht in die Welt zu posaunen. Die ausländischen Medien zeigen gerne mal eine vor ihren Gästen kniende Kellnerin mit dem Kommentar „was soll man von einer Gesellschaft halten, in der die Frauen beim Servieren knien müssen?" Verschwiegen wird, dass auch männliche Kellner knien, es passt eben zu schön ins westliche Japanbild.

Der Bevölkerungsschwund in Japan liege an den schlechten Arbeitsbedingungen, beispielsweise sehr lange Arbeitszeiten, und zu wenigen Kindergartenplätzen für berufstätige Frauen, ist die Behauptung der westlichen Berichterstattung zum Thema Geburtenrückgang. Demzufolge müssten viele Japanerinnen so tolle Jobs haben, dass sie diese für Familie und Kinder nicht aufgeben wollen. Dies stimmt aber leider nicht, für die meisten Tätigkeiten, die jungen Uniabsolventinnen angeboten werden, sind diese überqualifiziert. Die Tätigkeiten sind schlecht bezahlt, anspruchslos und ohne Karrierechancen. Die meisten Frauen arbeiten nur wenige Jahre nach dem Universitätsabschluss, wohnen umsonst in dieser Zeit bei ihren Eltern und lassen es richtig krachen, weil sie über vergleichsweise viel Geld verfügen. Keine Designertasche ist in dieser Zeit zu teuer und man geht sehr viel und teuer aus. Nach ein paar Jahren heiraten sie dann und ziehen sich ins Privatleben zurück. Meist sehr bewusst und sehr gewollt. Die sechzehn Stunden Arbeitstage überlassen sie ihren Ehemännern, die sie äußerst genau ausgewählt haben, nach dem japanischen Prinzip *kooshinchoo, koogakureki, kooshuunyuu* (groß, gut ausgebildet, gutes Einkommen). Sie geben bei Umfragen unumwunden an, dass bei der Partnerwahl das Einkommen und der Beruf des Mannes wichtige Kriterien seien. „Einen Mann mit hohem Status zu heiraten ist ihnen lieber als ein Job mit hohem Status" so Mariko Bando, Präsidentin der Showa Frauen Universität. Dieser Wunschmann gibt dann brav sein Gehalt zu Hause ab und erhält ein wöchentliches Taschengeld. „Nur" Hausfrau und Mutter zu sein ist in Japan kein peinlicher Makel und das Gehalt des Ehemannes bei Hobbys, Reisen und Unternehmungen mit Freundinnen auszugeben auch nicht. Ob die zur Zeit politisch angestrebten Veränderungen in der Arbeitswelt zugunsten einer verbesserten Frauenquote etwas ändern wird, bleibt abzuwarten.

Es gibt aber natürlich bereits heute japanische Frauen, die berufliche Karriere machen, dies aber ebenfalls sehr bewusst und geplant. In den meisten Fällen ist der Preis für den beruflichen Erfolg zumindest Kinderlosigkeit, oft auch ein Singleleben. Gute Möglichkeit bieten ausländische Firmen, eigene Familienunternehmen, ein ordentliches Durchsetzungsvermögen in typisch japanischen Unternehmen oder der Umzug ins Ausland.

Meine beiden sehr trinkfesten und immer gut gelaunten japanischen Freundinnen rückten bei der ersten Begegnung bereits mit ihrem Masterplan heraus: Wir heiraten keinen japanischen Mann, die zeigen zu wenig Gefühle und sind nicht charmant. Beide haben sich daran gehalten und Amerikaner geheiratet.

Cool
- Japanerinnen sind sehr selbstbewusst, ohne dass sie es offen zeigen.
- Japanerinnen müssen sich nicht rechtfertigen, wenn sie Hausfrauen sind.

Uncool
- Das mädchenhafte Verhalten kann sehr anstrengend sein.
- Frauen dürfen sich in der Arbeitswelt nicht offen durchsetzen.
- In japanischen Firmen ist es heute immer noch fast unmöglich, als Frau Karriere zu machen.

Regeln

Sie glauben, dass es in Deutschland viele Regeln und strenge Beamte gibt? Dann waren Sie noch nie in Japan! Am Flughafen *Narita* gab es über der Passkontrolle lange Zeit ein Schild „Beachten Sie die Regeln". Japan gehört zu den Ländern mit den meisten geschriebenen und ungeschriebenen Gesetzen im öffentlichen Leben und im gesellschaftlichen Miteinander. Bei einer Untersuchung, veröffentlicht 2011 im amerikanischen Magazin „Science", wie streng die Gesellschaft ist, kam Japan auf Platz acht von dreiunddreißig untersuchten Ländern. Spitzenreiter waren Pakistan, Malaysia und Indien.

Eine Regel ist beispielsweise, dass man außerhalb der eigenen vier Wände keine Zärtlichkeiten austauscht. Als ich an unserer Sprachschule für erwachsene Ausländer nach einer bestandenen Prüfung meinen Mann in der Lobby umarmte, kam sofort jemand aus dem Büro gelaufen, um mit beiden Armen ein großes X zu formen und uns so nonverbal zu sagen, dass dies gar nicht gehe. Im täglichen Umgang miteinander unter Fremden verkneifen es sich die Großstädter aber normalerweise, andere zu erziehen. Wenn jemand über eine rote Ampel läuft, was in Tokio einem Selbstmordkommando gleichkommt, schauen zwar alle interessiert, aber niemand kommentiert dieses Verhalten.

Bei der Einreise nach Japan muss man im Flugzeug verschiedene Formulare ausfüllen. Bei einem davon wird das Datum der Einreise angegeben. Da viele Flüge über Nacht stattfinden und am frühen Morgen in Tokio landen, passiert es schnell, dass man das falsche Datum einträgt. Beim Anstellen bei der Passkontrolle gibt es nun freundliche Helfer, die kontrollieren, dass der übermüdete Ankömmling das richtige Datum angegeben hat. Leider kann es bei großem Andrang passieren, dass nicht alle Formulare vorkontrolliert werden, aber wehe, man hat, endlich bei der Passkontrolle angekommen, das gestrige Datum auf dem Formular! Dann heißt es raus aus der Schlange, neues Formular ausfüllen und wieder hinten anstellen.

Es gibt so viele Regeln im beruflichen Miteinander, dass immer pünktlich zum Termin der Neueinstellungen am ersten April jeden Jahres die Buchhandlungen voll sind mit Titeln wie „Benehmen bei der Arbeit für Erwachsene". Dort wird erklärt, wie die Sitzordnung ist, welche verbalen Höflichkeitsstufen bei welcher Hierarchieebene anzuwenden ist, wie tief man sich bei unterschiedlichen Kollegen zu verbeugen hat und vieles mehr. Japaner sind der Überzeugung, dass die Jugend keine Manieren mehr hat und diese dringend lernen muss. Natürlich ist dieses Regelwerk zum Teil sehr einengend für die Mitarbeiter, aber es bietet auch Sicherheit.

Ausländer, ich natürlich auch, wollen immer über Regeln diskutieren, da wir ihren Sinn verstehen wollen und wenn sich uns dieser nicht erschließt, sind wir schnell genervt. Warum soll man sich im Zug nicht schminken? Warum soll im Zug nicht telefoniert werden? Warum steht auf einem leeren Parkplatz ein Wächter, der dem Fahrer umständlich einen ganz bestimmten Platz zuweist und wenn man ihn ignoriert, schon mal vor das Auto springt? Warum dürfen Frauen im Hallenbad keinen Bikini tragen? Warum schließen Bankautomaten am Wochenende, an Feiertagen und früh am Abend? Sparen Sie sich die Diskussion, singen sie innerlich ein „Ommm" und lächeln Sie Ihren inneren Widerstand weg (siehe Kapitel Lebenseinstellungen).

Cool
- Etliche Regeln werden individuell interpretiert.
- Klare Regeln geben auch Halt.

Uncool
- Die vielen, oft unverständlichen Regeln.
- Offizielle Personen wie Beamte lassen nicht mit sich reden und rücken keinen Millimeter von ihren Vorschriften ab.

Geschmeidiges Ignorieren der Regel.

Ästhetik

Oftmals verbinden wir im Westen mit dem Gedanken an Japan eine besondere Form der Ästhetik: Wunderschön angerichtete Speisen, bei denen die Darbietung mitunter schwerer wiegt als der Geschmack. Die Kirschblüte, die für Schönheit und Vergänglichkeit steht. Kunstvoll bearbeitete Bonsai, Teehäuser inmitten von harmonisch strukturierten Gärten mit streng nach alten Ritualen durchgeführten Teezeremonien, ausgeführt von Japanerinnen in kunstvollen Kimonos, die den Tee reichen, in bewusst asymmetrisch geformten Schalen.

Die Grundprinzipien der japanischen Kultur, Ausgeglichenheit und Harmonie, finden in der Ästhetik der Künste und der Natur ihren Ausdruck.

Dann kommt der Besucher in Kyoto an, der alten Hauptstadt, berühmt für die wunderschönen Tempel, den Philosophenweg und die alte Tradition der Gesellschafterinnen, der *Geisha*, und steht in einem riesigen, futuristisch anmutenden Bahnhof. Für Architekturfans ein Highlight, für alle, die sich auf das alte Japan eingestellt hatten, sicher erstmal ein Schock. So wie sich Kyoto nicht als das erträumte Ziel des Japonismus des westlichen Touristen herausstellt, so ist man zumindest am Anfang auch sonst schockiert, dass es in Japan so anders aussieht, als man es sich vorstellte.

Auf der Suche nach einem bestimmten Geschäft in einer Nachbarstadt unseres Wohnortes fuhren wir mit unserem Straßenatlas im Auto los. Irgendwann hielten wir an und verglichen verzweifelt den Plan mit der Stadt, in der wir gerade standen und mussten feststellen, dass wir uns in einer falschen Ortschaft befanden, die aber genauso aussah wie alle umliegenden auch: eine Bahnlinie durchschneidet die Hauptstraße, am Bahnhof gibt es einen Lawson Supermarkt, eine Anderson Bäckerei, ein Starbucks Café neben dem McDonald´s, eine ECC Sprachschule, ein trauriger Park, der aus einer betonierten Platte besteht und eine überdachte Fußgängerzone, in der Vogelgezwitscher vom Tonband ertönt. Dieselben riesigen Leuchtreklamen auf niedrigen Gebäuden und gigantische Werbebanner vor jedem winzigen Laden. All dies findet sich in jeder Kleinstadt, es sieht überall gleich aus und schön ist es leider überhaupt nicht. Besonders schlimm sind spezielle architektonische Auswüchse, z.B. Restaurants in einer riesigen Krabbenform oder mit einer Burg als Fassade.

Manchmal überkommt den Deutschen, zwar widerwillig, aber man kann sich irgendwann nicht mehr dagegen wehren, der Gedanke: Bebauungspläne und Bauvorschriften sind doch nicht immer ganz schlecht. In Japan hat man den Eindruck, dass jeder bauen darf, was er will, wo er will. Es scheint keinerlei gesetzliche Regelungen zu geben, die bauliche Formen vorschreiben. Bürogebäude von großen Firmen sind oftmals einfach nicht schön, so als sei es egal, wie die Gebäude aussehen und als wollte man hierfür kein Geld ausgeben. Aber auch Japaner finden, dass manches nicht in ihre Lebensumgebung passt und wehren sich mitunter gegen hässliche Gebäude. Der Discounter *Don Quijote* eröffnete 2015 im ruhigen und exklusiven Tokioter Wohngebiet *Shirokanedai* eine Zweigstelle an exponierter Stelle an der Stirnseite der Hauptstraße. *Donki*, wie die Japaner den Discounter gerne nennen, ist oft in mehrstöckigen Gebäuden untergebracht, hat ein buntes Sortiment von Allem, von Prada bis Putzmittel, meist 24 Stunden geöffnet und die Werbetafeln an den Gebäuden sind mehrere Quadratmeter groß, in grellem Gelb und Rot und manchmal sitzt das Firmenmaskottchen, eine blaue Ente, überdimensional auf dem Dach. Diese Vorstellung war den Anwohnern dann wohl doch ein Alptraum. Ob nun durch geschicktes Intervenieren und sich Wehren oder ob die Firma ohnehin ein neues Konzept testen wollte, lässt sich nicht abschließend beurteilen. Tatsache ist aber, dass eine zur Umgebung passende, in Silber gehaltene Fassade errichtet wurde und das Storekonzept durch hochwertige Lebensmittel angereichert wurde. „Na bitte, geht doch" geht es dem Ausländer da durch den Kopf.

Cool
- Japanische Ästhetik ist sehr beeindruckend und einzigartig.
- Tiefenentspannt in einem Tempelgarten zu sitzen.
- Es gibt immer wieder neue schöne Dinge zu entdecken.

Uncool
- Chaotische Straßenzüge, wo jeder baut, was er möchte.
- Gigantische Werbetafeln überall.
- Kleine „Parks", in denen Beton dominiert.

Japanischer Minimalismus.

Glossar der japanischen Begriffe in der Reihenfolge der Ersterwähnung

(Eigen- und Ortsnamen sind nicht aufgeführt)

Kawaii	Goldig
Sakura zensen	Kirschblütenfront
Hanami	Blüten schauen
Karaoke	Leeres Orchester (mit Playback)
Sake	Alkohol, wird auch benutzt für Reiswein
Shoochuu	Branntwein aus Kartoffeln oder Getreide
Nominikation	Trinken und Kommunizieren
Yukata	Sommerkleid, Baumwollbademantel
Minshuku	Volkshotel
Ryokan	Gasthaus
Kimono	Japanisches Kleid
Onsen	Heiße Quelle
Matsuri	(Tempel-)Fest
Hadaka matsuri	Nacktfest
Manga	Japanische Comics, wörtlich: Karikatur
Hanabi	Feuerwerk
Gaijinrashii	Typisch Ausländer
J-Pop	Japanische Popmusik
Doraibu	Drive – Spazierfahrt mit dem Auto
Umai	Köstlich, lecker
Oishii	Köstlich, lecker
Fukubukuro	Glücksbeutel
Cosplay	Wortkreation aus costume und play
Anime	Japanische Zeichentrickfilme
Pachinko	Wörtlich Schleuder, bezeichnet japanische Glücksspielhallen und –automaten
Keiba	Pferderennen
Keirin	Bahnradrennen
Izakaya	Kneipe
Nomikai	Trinktreffen
Boonenkai	Jahresabschlussfeier
Kangeikai	Willkommensparty
Soobetsukai	Abschiedsfeier
Gookon	Treffen zum Kennenlernen eines Partners
Oosama game	Königspiel (Gesellschaftsspiel zum sich Näherkommen)

Sashimi	Roher Fisch in Scheiben
Teppanyaki	Grillen auf der Eisenplatte
Odorigui	Tanzendes (noch lebendes) Essen
Tenpura	in Öl gebackenes Gemüse und Fisch
Shabushabu	Wallendes Geräusch der Brühe beim Fleischfondue
Koobebeef	Rindfleisch aus der Stadt Kobe
Yakiniku	Gegrilltes Fleisch
Kaiseki ryoori	Spezielles Essen mit sehr vielen kleinen Gängen
Konbini	24Stunden Supermarkt, Abkürzung von Convenience Store
Umeboshi	Eingelegte, salzige Dörrpflaumen
Inemuri	Anwesend sein und ein Nickerchen machen
Otohime	Geräuschprinzessin
Oshiri	Gesäß, Popo
Ookii	Groß
Chiisai	Klein
Yakuza	Japanische Mafia
Ema	Käuflich im Schrein zu erwerbendes Holztäfelchen mit Votivbild
Zazen	Sitzmeditation
Samurai	Krieger
Kooban	Polizeiwache
Keijidoosha	Kleinwagen
Shaken	TÜV
Parishookoogun	Paris Syndrom
Sensei	Meister, Lehrer
Sushi	Reisbällchen mit rohem Fisch
Salaryman	Büroangestellter
Karooshi	Tod durch Überarbeiten
Mama-san	Frau Mama
Bentoo	Lunchbox, Wegzehrung
Boosoozoku	Brutal laufende Gruppe, für motorisierte Gangs
Uyoku	Politisch rechter Flügel
Tsuyu	Regenzeit
Kooyoo	Rote Färbung des Herbstlaubs
Tori	Schintoistisches Tor
Suudoku	Einzelne Zahl
Neko mimi	Katzenohren
Doko e ikimasu ka	Wohin gehen Sie?
Doko iku no	Wohin gehen Sie?

Gaijin	Außenseiter
Gaikokujin	Ausländer
Kanji	Chinesische Zeichen
Sara da	Das ist ein Teller
Sarada	Salat
Teki	Sowohl Feind als auch Ebenbürtiger oder Tropfen
Ooeru	Von „Office Lady" für Büroangestellte
Haraitai	Ich möchte zahlen
Hara itai	Mein Bauch schmerzt
Shogun	General
Gokiburi hoihoi	Kakerlake komm, komm; Bezeichnung für eine Kakerlakenfalle
Tatami	Reisstrohmatte
Shinkansen	Schnellzug
Irasshaimase	Willkommen
Shoo ga nai	Da kann man nichts machen
Chikan	Sittenstrolch
Gaman	Geduld, Ausdauer, Selbstbeherrschung, Langmut
Shikata ga nai	Da kann man nichts machen
Doryoku	Sich bemühen, sein Bestes geben
Omotenashi	Gastfreundschaft
Wa	Harmonie
Kooshinchoo	Groß gewachsen
Koogakureki	Gut ausgebildet
Kooshuunyuu	Gutes Einkommen
Geisha	Person der Künste

Danksagung

An dieser Stelle möchte ich mich bei allen bedanken, die meine Begeisterung für Japan teilen und mich und meine Arbeit unterstützen.

Einen besonderen Dank an die Menschen, die mich bei diesem Buchprojekt unterstützt und mit konstruktivem Rat zur Seite gestanden haben:
Allen voran mein Mann Klaus Meder und meine Mutter Anneliese Menge.

Diese lieben Freunde haben gelesen, korrigiert, beraten, mit mir diskutiert und nachgefragt und mir damit sehr geholfen:

Daniela Branz
Kristine Bohr
Familie Matsuoka
Susanne Pörschke
Verena Reining
Chisako Steiger

Bereits bei K&N erschienen

Ein Buch für alle, die geschäftlich oder privat Kontakte mit Japan pflegen und sich schnell und umfassend informieren wollen. Alle Kapitel sind einheitlich strukturiert mit Bemerkungen über die deutsche Sicht und die japanische Sicht, Tipps aus der Praxis und konkreten Verhaltenstipps für die Praxis. Die zahlreichen realen Beispiele und häufigen Fragen aus den durchgeführten Seminaren werden kommentiert und die sich daran anschließenden Empfehlungen bei Themen wie Meetings, Umgang mit Vorgesetzten, Geschäftsreisen, aber auch Religion, Essen und Trinken, Geschenke erlauben ein sehr schnelles und direktes Informieren sowie ein gezieltes Nachschlagen.

188 Seiten · € **19,80** · **ISBN 978-3-8260-4158-7**

Verlag Königshausen & Neumann GmbH · Postfach 6007 · D-97010 Würzburg
Tel. (09 31) 32 98 70-0 · Fax (09 31) 8 36 20 · www.koenigshausen-neumann.de

Bereits bei K&N erschienen

Wie sieht Deutschland Japan und wie sieht Japan Deutschland? Anhand von gegenübergestellten Piktogrammen wird hier dieser Frage nachgegangen und eine humorvolle Kulturvermittlung geschaffen. Es gibt trotz der allgegenwärtigen Globalisierung grundlegende kulturelle Unterschiede im Denken und Handeln von Japanern und Deutschen. In diesem Buch werden sie dem Betrachter anregend und schnell verständlich näher gebracht werden. Viele Themen aus Beruf und Freizeit finden Raum: z.B. Wie wird mit Kunden umgegangen? Welche Stellung hat der Chef? Werden Gefühle gezeigt? Wie wichtig ist der Schlaf? Wie ist der moderne Wohnwunsch? Was versteht man unter Wellness? Lassen Sie sich von den gelungenen Zeichnungen überraschen, amüsieren, irritieren und zum Nachdenken anregen.

98 Seiten · € 9,80 · ISBN 978-3-8260-4771-8

Verlag Königshausen & Neumann GmbH · Postfach 6007 · D-97010 Würzburg
Tel. (09 31) 32 98 70-0 · Fax (09 31) 8 36 20 · www.koenigshausen-neumann.de